CB134804

JUNG

Conselho Editorial

Alcino Leite Neto
Ana Lucia Busch
Antonio Manuel Teixeira Mendes
Arthur Nestrovski
Carlos Heitor Cony
Contardo Calligaris
Marcelo Coelho
Marcelo Leite
Otavio Frias Filho
Paula Cesarino Costa

FOLHA
EXPLICA

JUNG

TITO R. DE A. CAVALCANTI

PUBLIFOLHA

© 2007 Publifolha – Divisão de Publicações da Empresa Folha da Manhã S.A.

Todos os direitos reservados. Nenhuma parte desta publicação pode ser reproduzida, arquivada ou transmitida de nenhuma forma ou por nenhum meio sem a permissão expressa e por escrito da Publifolha – Divisão de Publicações da Empresa Folha da Manhã S.A.

Edição
Arthur Nestrovski

Assistência editorial
Camila Saraiva e Rodrigo Villela

Produção gráfica
Soraia Pauli Scarpa

Projeto gráfico da coleção
Silvia Ribeiro

Revisão
Edições Rumi, Luicy Caetano de Oliveira e Daniel Bonomo

Editoração eletrônica
Pólen Editorial

Imagem
© Bettmann/Corbis/LatinStock (capa)

Dados Internacionais de Catalogação na Publicação (CIP)
(Câmara Brasileira do Livro, SP, Brasil)

Cavalcanti, Tito R. de A.
Jung / Tito R. de A. Cavalcanti . 2ª ed. – São Paulo : Publifolha, 2010. – (Folha Explica)
1ª reimpressão da 2ª ed. de 2009
Bibliografia.
ISBN 978-85-7402-838-5

1. Jung, Carl Gustav, 1875-1961 2. Psicologia junguianal 3. Psicanálise I. Título.

10-11781 CDD-150.1954

Índices para catálogo sistemático:
1. Jung, Carl Gustav : Psicologia analítica 150.1954
2. Psicologia junguiana 150.1954

A grafia deste livro segue as regras do Novo Acordo Ortográfico da Língua Portuguesa.

PUBLIFOLHA
Divisão de Publicações do Grupo Folha
Al. Barão de Limeira, 401, 6° andar
CEP 01202-900, São Paulo, SP
Tel.: (11) 3224-2186/2187/2197
www.publifolha.com.br

SUMÁRIO

psicologia. Nas livrarias, as obras de seus seguidores são colocadas com frequência nas estantes de autoajuda. Ainda hoje é considerado místico, confuso, simpatizante do nazismo e bígamo. Quanto de verdade existe nessas afirmações?

Jung acreditava que toda teoria é produto da equação pessoal de seu criador; portanto, sabia dos limites de seus escritos. Ele afirmava que tanto Freud quanto Alfred Adler (1870-1937) haviam descrito fatos que correspondiam ao dinamismo psíquico de muitas pessoas. Da mesma maneira, Jung acreditava que existem aqueles que possuem outra psicologia, similar à sua. Em suas palavras: "Chego a considerar minha contribuição como minha própria confissão subjetiva. É a minha psicologia que está nisso, meu preconceito que me leva a ver os fatos da minha própria maneira. Mas espero que Freud e Adler façam o mesmo, e confessem que suas ideias representam pontos de vista subjetivos. Desde que admitamos nosso preconceito estaremos realmente contribuindo para uma psicologia objetiva".[1]

A obra de Jung pode ser vista como um esforço de resgate e tradução. Na tentativa de compreender seu mundo interno, e o de seus pacientes, ele procurou resgatar o universo simbólico humano que habitualmente se encontra sob o poder das religiões, dos místicos ou das filosofias orientais. A partir dessa pesquisa, criou um corpo teórico que traduz esse conhecimento para a linguagem ocidental. Além disso, no fim de sua vida, debruçou-se também sobre a física, a fim de encontrar respostas relativas aos fenômenos que observou nas manifestações do inconsciente.

---

[1] C. G. Jung, *Obras Completas*, vol. XVIII/I. Petrópolis: Vozes, 2000, parágrafo 275.

Na segunda metade do século 20, cresceu o interesse do Ocidente pelo Oriente. Médicos acupunturistas estão em todas as capitais, existem franquias de cursos de ioga e várias escolas de meditação. Ao mesmo tempo, as religiões e o interesse pela mística ressurgiram com força inesperada. O fundamentalismo religioso, por sua vez, mostra diariamente seu poder em diferentes religiões. Os livros de Paulo Coelho exploram temas místicos e vendem como água. A leitura da obra de Jung permite uma compreensão dessas mudanças inesperadas de rumo do interesse coletivo; trabalha a hipótese de que o Ocidente chegou a um ponto no qual é necessária a retomada da vida interior, preocupação que sempre foi mais elaborada pelo Oriente.

Seu interesse pelas religiões também é fruto dessa preocupação, e nosso autor define religião como "consideração e observação cuidadosas de certos fatores dinâmicos concebidos como 'potências': espíritos, demônios, deuses, leis, ideias, ideais ou qualquer outra definição dada pelo homem a tais fatores".[2] Desconsiderar essas potências, segundo Jung, torna-se cada vez mais difícil para o homem moderno, pois elas podem gerar não apenas patologias psíquicas, mas também convulsões sociais.

Mas é preciso prestar muita atenção a um ponto que gera confusão: Jung nunca se refere à adesão a alguma religião específica como necessária e nem defende algum tipo de atividade mística. Pretende, inclusive, escrever para o homem cujo inconsciente não é mais contido pelas igrejas tradicionais ou por uma tradição. Ele sempre se considerou um cientista

---

[2] C. G. Jung, *Obras Completas*, vol. XI/1. Petrópolis: Vozes, 1978, par. 8.

INTRODUÇÃO

O nome desta coleção, "Folha Explica", é uma variante de "Freud explica". Não se sabe quem criou essa expressão, que demonstra o reconhecimento que a humanidade tem pelo vienense Sigmund Freud (1856-1939). Mas este livro vai tratar de um autor que tem sido visto como o lado B da psicologia das profundezas criada por Freud.

Dentre os primeiros exploradores do inconsciente, o suíço Carl Gustav Jung (1875-1961) é certamente um dos mais contraditórios. Por um breve período – de 1906 a 1913, aproximadamente – procurou aliar forças com Freud, de quem depois se separou para seguir seu próprio caminho. Jung criaria uma escola de pensamento que tem sido ampliada e praticada por muitos, ao redor do mundo.

No entanto, sob certo ponto de vista, ele é um marginal. No Brasil, sua inserção nas universidades existe, mas é pequena em relação às outras escolas de

empírico, ou seja, aquele que constrói hipóteses científicas a partir da descrição de realidades observadas.[3] Os fenômenos religiosos são realidades psíquicas e é nesse sentido que são trabalhados por Jung: seu interesse é pela experiência individual em relação aos fenômenos psíquicos – dentre os quais os fenômenos religiosos.

Jung afirmou que os fenômenos psíquicos sempre tiveram a atenção do homem, e entendia suas ideias não como um novo início na compreensão do inconsciente, mas sim como uma continuidade em relação ao trabalho realizado por muitas gerações, embora ele utilizasse o pensamento científico. Essa perspectiva faz com que suas ideias sejam frequentemente confundidas com ideias gnósticas ou alquímicas, as quais ele cita em seus trabalhos, como se fosse um continuador e não um estudioso delas. Some-se a isso a falta de linearidade em seu pensamento, que se reflete em seus escritos, o que faz com que aqueles que procuram um sistema e uma ordem em seus textos fiquem um tanto perdidos.[4] Afirma "sempre considerar as coisas novamente e de outro ângulo. Meu pensa-

---

[3] "Quando Jung se autodenomina empírico, seria melhor que ele dissesse fenomenólogo. Seu 'empiricismo' se refere ao exame de fenômenos percebidos pela experiência individual e coletiva, mais do que aos resultados quantificáveis e passíveis de testes de repetição dos 'dados inegáveis' característicos das ciências experimentais. O método de Jung leva em consideração a participação do observador no evento e assume que fatores pessoais contribuem de modo significativo para o acúmulo de conhecimento. Um tal empirismo não espera confirmar o resultado de experiências repetidas. Não é, no sentido rigoroso, experimental. [...] O método de Jung deveria chamar-se empírico somente no sentido fenomenológico e subjetivo, consistente com suas categorias de percepção neokantianas", escreve Ann Conrad Lammers, em *In God's Shadow* (Nova York: Paulist Press, 1994), p. 117. Ver também Eloísa Penna, *Um Estudo Sobre o Método de Investigação da Psique na Obra de C. G. Jung* (dissertação de mestrado em Psicologia Clínica. PUC/SP, 2003).

[4] Deirdre Bair, *Jung, Uma Biografia*, vol. 2. São Paulo: Globo, 2006, p. 236.

mento é, por assim dizer, circular. Esse é o método que combina comigo. É, de certo modo, um novo tipo de reflexão peripatética".[5] Esse estilo reflete o propósito, em sua obra, de valorizar o inconsciente – o que não significa de forma nenhuma desvalorizar a consciência. O diálogo entre as duas instâncias é o fundamental.

Jung foi um escritor prolífico; sua obra completa é composta por 18 volumes. Vários de seus seminários também têm sido editados, pouco a pouco, o que vem ampliando a gama de assuntos abarcados por ele. Seria temerário sintetizar uma obra com tantos rostos em poucas páginas, e a intenção aqui é simplesmente despertar a curiosidade do leitor pela obra de Jung. Nos dois próximos capítulos são apresentados seus conceitos principais. Em seguida, suas reflexões sobre a cultura e, por último, os desdobramentos de sua obra, elaborados por alguns de seus seguidores.

---

[5] Sonu Shamdasani, *Jung and the Making of Modern Psychology*. Cambridge: Cambridge University Press, 2003, p. 16.

1. PRIMÓRDIOS

O interesse de Jung pela interioridade humana o acompanhou desde pequeno. Ele nasceu em 1875, em Kesswil, pequena localidade da Suíça alemã. Seu pai era pastor da Igreja Reformada Suíça, atormentado pelo que o próprio Jung definiu como falta de fé. A mãe carregava outros tormentos; ficou internada algumas vezes quando Jung era pequeno, e sempre conversava com o filho, e com quem mais quisesse ouvir, sobre os espíritos que a visitavam durante a noite. Algumas vezes dizia coisas que pareciam não vir dela, como se outra personalidade mais poderosa assumisse o comando de sua pessoa. Jung percebeu esse fenômeno na mãe, e também em si mesmo.

Porém, em sua personalidade que denominou "número 1", reconhecia-se como um menino normal, menos inteligente do que a média, porém esforçado. Por outro lado, em sua personalidade "número 2", sentia-se distante do mundo dos homens e próximo dos fenômenos da natureza, como se fosse um velho que vivesse em outra época.[6] Essa vivência o mergulhava em um humor depressivo. Some-se a isso o poder que tinha de se observar mesmo em situações de extrema intensidade emocional. Uma vez foi acusado de plágio em uma redação escolar e, no auge da fúria, sentiu como se uma porta isolante o separasse de um ambiente ruidoso, capacitando-o a raciocinar friamente sobre a situação. Pôde ver a incapacidade do professor em rever sua percepção, e reconhecer a sua própria responsabilidade na construção do mal-entendido.[7]

A dinâmica do inconsciente[8] se impôs a Jung desde a infância. Em suas memórias narra o primeiro sonho de que guardou lembrança:[9] tinha por volta de três ou quatro anos de idade. Passeando por uma campina perto de sua casa encontra uma cova. Dentro dela há uma escada. Desce e encontra, no subterrâneo, sobre um trono magnífico, um grande cilindro de carne com um olho único fitando o teto. Imobilizado pela angústia, ouve a voz da mãe que diz: "Sim, olhe-o bem, isto é o devorador de homens!".

Aos 12 anos teve uma visão na qual Deus, sentado em um trono no céu, defecava sobre a Catedral de Basileia. Essas imagens, principalmente a última,

---

[6] C. G. Jung, *Memórias, Sonhos, Reflexões*. Rio de Janeiro: Nova Fronteira, 1992, p. 51.

[7] Idem, p. 68.

[8] Jung define o inconsciente como uma função psíquica independente, anterior e oposta à consciência (*Obras Completas*, vol. XVIII/2, par. 1224). Existe, portanto, uma equiparação em termos de importância entre a consciência e o inconsciente, ou mesmo uma importância relativamente maior do inconsciente, pois ele é a fonte da consciência. Se usarmos a linguagem que empregava na época de sua adolescência, a consciência corresponde à personalidade número 1 e o inconsciente à sua personalidade número 2.

[9] C. G. Jung, *Memórias, Sonhos, Reflexões*. Rio de Janeiro: Nova Fronteira, 1992, p. 25.

nada fáceis de serem assimiladas por uma criança, foram por ele entendidas, na época, como manifestações da divindade – uma forma de experienciar a divindade diferente daquela pregada por seu pai. Toda uma série de questionamentos religiosos se seguiu, e o jovem Jung percebeu, aos poucos, que o pai carregava uma religião seca e inoperante, na qual não existia a fé em um deus vivo.

Durante toda sua adolescência as discussões sobre religião com o pai foram constantes. Aos 16 anos a personalidade número 1 começou a preponderar, e Jung se envolveu com a cultura e a cidade que o cercavam. Quando chegou a hora de escolher uma carreira optou pela medicina, uma vitória da personalidade número 1, ligada às ciências naturais e à vida prática. Seu pai conseguiu-lhe uma bolsa de estudos, já que a situação econômica da família era precária. Quando terminou o primeiro ano o pai faleceu, provavelmente de câncer. Nessa ocasião, a mãe, com a voz de sua personalidade número 2, disse-lhe que então o caminho estava livre para ele.

Durante o curso de medicina, Jung participou de uma fraternidade de estudantes suíços de diversas universidades, chamada *Zofingia*. Podem-se reconhecer, nesses primeiros textos, formulações iniciais de conceitos que Jung trabalharia durante toda a vida. Nesse mesmo período, participou de sessões espíritas com sua prima de 16 anos, que era médium. Escreveu a dissertação de conclusão do curso de medicina sobre essa prima, mas sob um ponto de vista científico; concluiu que situações emocionais vividas por ela influenciavam suas falas mediúnicas, o que inviabilizava a credibilidade de seus relatos.

Em 1900, começa a trabalhar no Hospital Psiquiátrico Burghölzli, em Zurique, que era um centro importante dirigido por Eugen Bleuler[10] (1857-1939). Lá, debatiam-se todas as novas teorias no campo da psicologia, inclusive as ideias e os escritos de Freud. Jung, nessa época, inicia um período de estudos científicos com o método de associações de palavras, que será definido no próximo capítulo. Envolve-se profundamente com os pacientes psicóticos, e em 1906 escreve um texto sobre a demência precoce, como era então chamada a esquizofrenia. A correspondência com Freud se inicia até se encontrarem pessoalmente em 1907.

Em 1903 casa-se com Emma Rauschenbach, de família bastante rica, e a partir dessa época não tem mais preocupações financeiras. Mas, como cedo reconheceu, sua inclinação para a poligamia tornou sua vida afetiva tumultuada, foco de falatórios e sofrimentos.

Como vimos, as experiências de Jung com a religiosidade do pai, o espiritismo da mãe e sua personalidade número 2, fizeram com que o invisível desde cedo se tornasse uma questão para ele. Nessa procura de respostas, participava de sessões espíritas ao mesmo tempo em que lia vários filósofos. Alguns desses pensadores já exploravam o conceito de inconsciente, como Carus (1789-1869) e Schelling (1775-1854), representantes do romantismo alemão, bem como Von Hartmann (1842-1906), herdeiro da tradição romântica, todos autores frequentemente citados em suas obras. Junto a Kant (1724-1804), Nietzsche (1844-1900) e Jacob Burckhardt (1818-97), constituem a base de seu pensamento. Quando começou a trabalhar

---

[10] Eugen Bleuler, psiquiatra suíço, introduziu em 1911 o termo "esquizofrenia" no lugar de *dementia praecox* até então utilizado.

no hospital psiquiátrico, já carregava consigo uma respeitável bagagem cultural.

COMPLEXOS

Nos primeiros anos de Burghölzli, Jung se envolveu com o teste de associações de palavras: uma série de palavras-estímulo, ditas pelo experimentador, devia ser respondida pelo paciente, com o primeiro termo que lhe viesse à cabeça. Esse teste já vinha sendo trabalhado por médicos como Wundt (1832-1920) e Ziehen (1862-1950), tendo este último percebido que o tempo de reação da pessoa à palavra-estímulo era maior quando um ponto difícil da vida do paciente era tocado.

Na época, o termo "complexo" já era usado, mas Jung aprimorou o conceito depois de aplicar esse teste em vários pacientes, principalmente psicóticos. Percebeu, analisando os dados do teste, que havia um sentido nos delírios desses doentes, até então incompreensíveis. A partir disso, compreendeu que são os complexos que influenciam a vida do indivíduo e determinam seu comportamento.

Complexos são aglomerados de ideias e afetos em torno de um tema, e funcionam como se fossem uma personalidade interior. O complexo mais carregado energeticamente é o complexo do ego, ponto central da consciência; ele terá de reconhecer e lidar com os outros complexos e, nesse movimento, ampliar o território da consciência. Porém, a ação do ego pode não se exercer ou ser violentamente distorcida por outros complexos. Jung percebeu que, devido a esse fato, muitos de seus pacientes psicóticos mal se expressavam verbalmente, e somente descreviam imagens ou sensações vagas. Jung valorizou então esse tipo de encadeamento que chamou de pensamento não dirigido, em oposição ao pensamento lógico, dirigido, da consciência.

Buscando o sentido das imagens, desenvolveu posteriormente o método de amplificação dos conteúdos do inconsciente, que procura fazer correlações entre os sonhos e fantasias de pacientes e o conteúdo de mitos ou contos de fadas. A procura é por novos caminhos de desenvolvimento que, em princípio, estão cristalizados nessas manifestações coletivas. Jung contrapôs a amplificação dos conteúdos do inconsciente ao método redutivo de busca por uma causa primeira. Para se relacionar com o inconsciente, postulava ser preciso o uso desses dois métodos, sob pena de perdermos a riqueza da produção do inconsciente.

FREUD

Jung havia lido a *Interpretação dos Sonhos* em 1900, mas essa primeira leitura não lhe causou maior impressão. Leu novamente em 1903 e passou a discutir as ideias de Freud com seus colegas no Burghölzli. A partir desse momento, a história da descoberta do inconsciente passa pelas disputas e intrigas que acompanham frequentemente os seres humanos, quando se unem em torno de um ideal. O fato de a genialidade ser a marca de muitos dos iniciadores da exploração do inconsciente profundo não impediu que ocorressem brigas e separações, influenciadas, também, por motivos que pouco tinham a ver com questões teóricas, embora essas, sem dúvida, existissem.

Zurique era um centro importante no mundo psiquiátrico na primeira década do século 20, e era de extremo valor para Freud o fato de sua teoria ser estudada ali. Some-se a isso a importância que ele dava ao fato de Jung não ser judeu, o que livrava a psicanálise de ser considerada uma ciência judaica.

Freud e Jung tinham muito a conversar; a admiração era mútua. Seu primeiro encontro, em 1907, na casa de Freud, em Viena, durou 13 horas. Foram muitos os encontros e a troca de cartas, mas os dois nunca concordaram em relação à teoria do inconsciente. Se acompanharmos a correspondência entre eles, percebe-se que Freud fazia questão de uma fidelidade estrita aos ditames de sua teoria. Jung, por algum tempo, tentou se convencer das ideias de Freud, mas depois desistiu. E Freud compreendeu esse movimento de Jung como a tentativa de um filho querer matar o pai para tomar seu lugar. Jung, de sua parte, sentiu como se Freud tentasse impor uma maneira de pensar monolítica, inquestionável.[11] Não conseguiram, até o fim de suas vidas, reconsiderar seus pontos de vista.

---

[11] "Dentre todas as acusações, a pecha de 'junguiano' continua a ser, provavelmente, a mais devastadora entre os descendentes intelectuais de Freud. Toda subcultura tem seus vilões, e Jung é uma figura particularmente odiosa, devido, em parte, às enormes esperanças que Freud nele havia depositado. Os contatos que teve, mais tarde, com os nazistas serviram apenas para marcar, com o selo final da desaprovação, um homem que os discípulos de Freud tinham aprendido a detestar. Seguindo a orientação de Freud, Jung continua, até hoje, rejeitado, tido como 'místico' e tão pouco científico quanto o socialista Adler." Paul Roazen, *Freud e seus Discípulos*. São Paulo: Cultrix, 1978, p. 259.

2. CONCEITOS PRINCIPAIS

Construiremos uma imagem que nos acompanhará na difícil tarefa de explicação dos conceitos de Jung. Todos se lembram dos carrinhos de trombada dos parques de diversões, com aquele suspensório único que se encosta ao teto, de onde vem a energia que alimenta o carrinho. Inicialmente, mudaremos o teto em oceano e, ao mesmo tempo, inverteremos o carro. Transformaremos esse carro invertido em um convés de navio. O suspensório será compactado e formará o porão do navio.

O capitão não gosta muito de sair do tombadilho. Pode até andar pelo convés, mas o porão do navio com certeza não o atrai. Ele tem a função de dirigir e cuidar do navio, além de se comunicar com os outros navios; um navio solitário é praticamente impossível, em geral fazem parte de uma frota.

O capitão é geralmente ajudado por três de um total de oito auxiliares, os outros ficam pelo convés ou descem para o porão e ficam praticamente esquecidos. Os auxiliares informam ao capitão sobre os movimentos dos tripulantes do porão e sobre aquilo que se passa nos outros navios. A tripulação que trabalha no porão tem, apesar de ficar encerrada abaixo da superfície, uma percepção profunda dos movimentos atmosféricos e das correntes marítimas, ou seja, daquilo que é comum a todos os navios.

Fiquemos com essa imagem, que nos servirá de auxílio na compreensão dos conceitos idealizados por Jung.

ENERGIA PSÍQUICA

Retornando à desavença entre Freud e Jung, o que objetivamente determinou a separação final dos dois foi o conceito de libido expresso por Jung no livro *Psicologia do Inconsciente.* Esse livro veio à tona em 1912 e foi revisto pelo próprio Jung em 1947, que mudou seu nome para *Símbolos de Transformação.*[12] Jung sempre relutou em aceitar a concepção sexual da libido. Para entendermos essa questão, não podemos deixar de nos remeter ao estado de ambas as teorias na época, e também ao fato de Jung ter trabalhado principalmente com psicoses, enquanto Freud explorou mais o terreno das neuroses. Freud definia libido como energia sexual, e Jung concordava com essa ideia em relação às neuroses. Porém, nas psicoses, nas quais ocorre a substituição da adaptação à realidade exterior por um mundo interno feito de fantasias, Jung afirmava que a concepção de libido sexual era

[12] *Obras Completas*, vol. V. Petrópolis: Vozes, 1986.

restrita.[13] Jung identificou então libido com energia psíquica, tomando um ponto de vista quantitativo.

Outra grande diferença se relaciona ao movimento da energia psíquica. Freud, segundo Jung, reduzia os sintomas a causas iniciais que, uma vez assimiladas, finalizariam o trabalho a ser feito pelo analista. Jung postulava que esse era apenas uma parte do trabalho, pois a energia psíquica também se movimenta com uma finalidade,[14] seja uma tentativa de cura ou o reequilíbrio de forças, possibilidade que explorava com o método de *amplificação*.

O primeiro passo na construção dessa técnica foi dado quando relacionou a fantasia de um paciente psicótico com um mito antigo. Concluiu que o conhecimento do mito facilitaria a compreensão da vivência do paciente, ao permitir a identificação das possibilidades de desdobramento da situação patológica. O método de amplificação, portanto, implica que o olhar terapêutico deixe de privilegiar somente o passado. As muitas possibilidades de encaminhamento da tensão psíquica – o futuro – também são consideradas.

Se pensarmos em nossa imagem, Jung chama a atenção primordialmente para aquilo que atinge todos os navios: os mitos seriam as correntes marítimas,

---

[13] Como afirma Amnéris Maroni, Jung se refere a Freud como pansexualista, o que não é correto. Freud sempre contrapôs à libido inicialmente as pulsões do ego, e após 1923, a pulsão de morte. Ver A. Maroni, *Jung: Individuação e Coletividade*. São Paulo: Editora Moderna, 1999, p. 25.

[14] "Quando se trata de explicar um fato psicológico, é preciso não esquecer que todo fenômeno psicológico deve ser abordado sob um duplo ponto de vista, ou seja, do ponto de vista da *causalidade* e do ponto de vista da *finalidade*. É de propósito que falo de finalidade, para evitar toda a confusão com o conceito de *teleologia*. Por finalidade, pretendo simplesmente designar a tensão psicológica imanente dirigida a um objetivo futuro." C. G. Jung, *Obras Completas*, vol. VIII/2. Petrópolis: Vozes, 1984, par. 456.

os ventos, marés, tudo o que é compartilhado e, por assim dizer, move os navios.

O rompimento final veio em 1913. Nos anos seguintes Jung se sentiu ameaçado pelo inconsciente; percebia-se vulnerável às invasões emocionais que, por seu contato com os pacientes psicóticos, sabia bem onde poderiam levá-lo. Acredita que a psique cria a realidade e "a única expressão que posso usar para essa atividade é fantasia [...] a fantasia, portanto, parece-me a expressão mais clara da atividade específica da psique".[15] Pode-se dizer que ele foi fiel à sua concepção, ao resolver se expor totalmente às fantasias que o assediavam e seguir o pensamento não dirigido. Mas tomou o cuidado de manter seus laços com a realidade bem firmes.

Nessa época, já morava e trabalhava em uma confortável casa à beira do Lago de Zurique. Respeitou cuidadosamente os horários de trabalho e as relações familiares, mas reservou uma parte do dia para fazer construções de pedras na beira do lago, seguindo suas fantasias internas. Passava suas impressões para um caderno que ficou conhecido como Livro Vermelho, no qual também desenhava. Mergulhou naquilo que Ellemberger[16] chamou de "doença criativa". Nessa fase, definiu seus conceitos principais e delineou seu método de exploração do inconsciente, e também de terapia. O método consiste em abrir espaço para que surja um diálogo entre a consciência e os complexos constelados. Em nossa imagem, o complexo do ego é o capitão que dirige o navio, mas toda a tripulação – os vários complexos que compõem o inconsciente – precisa ter voz.

---

[15] *Obras Completas*, vol.VIII/2. Petrópolis: Vozes, 1984, par. 78.

[16] H. F. Ellemberger, *El Descubrimiento del Inconsciente*. Madrid: Editorial Gredos, 1976.

TIPOS PSICOLÓGICOS

O primeiro livro de fôlego escrito por Jung após sua doença criativa foi *Tipos Psicológicos*,[17] editado em 1921. Nele, Jung explora a psicologia da consciência e o tema da direção da energia psíquica. Desnecessário dizer que, em nossa imagem, trata-se da relação entre o capitão e seus diferentes auxiliares, cada qual com talentos para captar detalhes diferentes da navegação e da estrutura do próprio navio, assim como do comportamento dos outros navios.

Escrever esse livro também foi, para Jung, uma maneira de lidar com as diferenças entre as teorias de Freud e Adler. O primeiro representa o ponto de vista extrovertido: a orientação da energia psíquica é para com o mundo dos objetos e acontecimentos exteriores, aos quais ela se liga e dos quais depende. Adler representa o ponto de vista introvertido: a orientação da energia psíquica é em direção aos objetos internos, ou fatores subjetivos, que determinam então o comportamento.

Essas duas categorias devem ser empregadas como adjetivos em relação às funções da consciência que veremos a seguir, e ambas existem dentro de cada indivíduo. Psicologicamente, a *Eros*, que, por assim dizer, rege a extroversão, se opõe o *poder*, regente da introversão. No livro, Jung faz um levantamento cuidadoso de outros pensadores que se debruçaram sobre essa mesma questão, desde a filosofia antiga até seus contemporâneos.

Além da orientação da energia psíquica, introvertida e extrovertida, Jung descreveu quatro funções

---

[17] *Obras Completas*, vol. VI. Petrópolis: Vozes, 1991.

da consciência. Essas funções determinariam a maneira pela qual os estímulos internos e externos são percebidos e trabalhados pela consciência: o *pensamento*, que apreende significados; o *sentimento*, que confere diferentes valores às experiências; a *sensação*, que é a apreensão por meio dos sentidos; e, por fim, a *intuição*, que capta possibilidades futuras e o "clima" de um ambiente.

O pensamento e o sentimento são racionais; é possível construir um discurso articulado a partir do que captam. A sensação e a intuição são irracionais, percepções momentâneas. Temos então oito tipos psicológicos, pois cada uma das quatro funções da consciência pode ter a orientação extrovertida ou introvertida, perfazendo o total de oito funções.

As duas funções racionais se opõem; se uma se desenvolve, a outra tende a ficar manca, como a mão direita para o canhoto. O mesmo se dá com as funções irracionais. O que ocorre é que uma das funções se desenvolve e serve como a principal forma de adaptação do indivíduo. Duas outras ajudam como funções auxiliares e a quarta fica pouco desenvolvida e próxima ao inconsciente. Quando o indivíduo vive uma situação em que precise dessa função, vê-se em apuros – ou põe os outros em apuros.

Por exemplo, se uma decisão ética tiver de ser tomada por uma pessoa com a função sentimento inferior, valores importantes serão desconsiderados. Essa decisão poderá ser justificada pela função pensamento por meio de racionalizações, que podem ser bem formuladas, e mascarar a falência de valores. Outro exemplo: aquele que tem a sensação inferior vai ter, provavelmente, mais dificuldade em perceber e descrever a realidade que o cerca; vive com a cabeça nas nuvens.

Trabalhar com as funções da consciência, que também podem ser chamadas processos cognitivos, é treinar o ego a mudar de ponto de vista. O primeiro passo é o reconhecimento, pelo indivíduo, de qual função usa com mais frequência; a seguir, a aceitação de outras maneiras de funcionamento, em si mesmo e nos outros. As funções auxiliares e, mais ainda, a função inferior, são como línguas que precisam ser constantemente treinadas, pois caem em desuso com facilidade, já que não se tem muita habilidade com elas. O destro não vai escrever bem com a mão esquerda. Também é fundamental assinalar que essa teorização não pode ser usada como etiquetas que se colam nos indivíduos. Pode-se dizer somente que as pessoas têm mais características de um ou outro tipo psicológico.

SÍMBOLOS

O navio de nossa imagem é deveras estranho, pois pode singrar mares por muito tempo, sem que o capitão tome contato com a tripulação no porão; essa, por sua vez, pode fazer seu trabalho sem entrar em conflito com ele. Mas é frequente o capitão perceber que existem outras vozes de comando em seu barco.

Como foi dito, o capitão não gosta de andar no convés e muito menos de descer ao porão. Ele gosta da cabine de comando, com os botões que aprendeu a manipular na escola, e muitas vezes nem se dá conta de que faz parte de um navio, o qual tem um porão com tripulantes, e que está no mar, ao sabor dos ventos e das correntes. Por outro lado, acidentes acontecem. E também nossos navios formam esquadras e os capitães aprendem a pilotar com aqueles mais experientes –

que nem sempre são bons professores. Com a idade, às vezes, cresce o seu interesse pelo porão do navio.

Em ambos os casos, o capitão percebe a tripulação e sua capacidade de determinar ordens que entram em conflito com seus desejos (*neurose*) e, no extremo, ordens que ignoram totalmente sua presença (*psicose*). O diálogo entre o capitão e as pessoas do porão é difícil, pois a tripulação fala de um modo obscuro, se expressa por imagens. Emprega essa linguagem por ter uma relação próxima com os movimentos marítimos, como se fosse a representante desses movimentos junto aos outros integrantes do navio.

Retomando o pensamento conceitual de Jung, a linguagem do inconsciente é imagética: trata-se do pensamento não dirigido, em contraposição ao discurso da consciência, que usa a linguagem verbal do pensamento dirigido. O inconsciente se expressa por meio de símbolos, que, por sua vez, exprimem da melhor maneira possível algo que é relativamente desconhecido para a consciência.

O símbolo é o mecanismo psicológico que canaliza a energia psíquica. Estabelece uma diferença de potencial, que permite que a energia psíquica seja atraída para caminhos diferentes daquele até então trilhado. É como a construção de uma usina em uma queda d'água. O símbolo tem "um grande número de variantes análogas, e quanto mais variantes tem ao seu dispor, mais completa e rica será a imagem que projeta de seu objeto" [18] O ego precisa se debruçar sobre o símbolo e permitir que seus conteúdos fertilizem a consciência, sem querer impor a ele um significado único. Se isso for feito, o conteúdo do símbolo fica

---

[18] *Obras Completas*, vol.V. Petrópolis: Vozes, 1986, par. 180.

reduzido e, portanto, sua força transformadora diminuirá. O símbolo transforma-se em um sinal, como, por exemplo, uma placa de trânsito com seu significado único. Mas a riqueza simbólica é, justamente, o grande número de analogias possíveis, o que faz com que o símbolo seja um combustível potente para a reflexão do ego, desde que seja aceita a irracionalidade que também o compõe.

ARQUÉTIPOS

Falamos acima dos movimentos marítimos, do vento, das diferentes marés. Eles influenciam igualmente todos os navios. Se imaginarmos que esses fenômenos naturais têm certa regularidade, é possível tentar usá-los como auxiliares de navegação. Na conceituação junguiana, esses movimentos marítimos equivaleriam a temas recorrentes na experiência da humanidade, tais como receber e dar cuidados maternos, impor e se adequar a limites, relacionar-se afetivamente com os outros e com o mistério que cerca a existência. São os *arquétipos* do inconsciente coletivo: formas vazias, matrizes intangíveis, virtuais, da consciência; formas instintivas de imaginar.[19]

---

[19] "Sempre deparo de novo com o mal-entendido de que os arquétipos são determinados quanto ao seu conteúdo, ou melhor, são uma espécie de 'ideias' inconscientes. Por isso devemos ressaltar mais uma vez que os arquétipos são determinados apenas quanto à forma e não quanto ao conteúdo, e, no primeiro caso, de um modo muito limitado. Uma imagem primordial só pode ser determinada quanto ao seu conteúdo no caso de tornar-se consciente e, portanto, preenchida com o material da experiência consciente. Sua forma, por outro lado, como já expliquei antes, poderia ser comparada ao sistema axial de um cristal, que pré-forma, de certo modo, sua estrutura no líquido-mãe, apesar de ele próprio não possuir uma existência material." *Obras Completas*, vol. IX/1. Petrópolis: Vozes, 2003, par. 155.

A energia psíquica que se expressa por um arquétipo é sempre dupla, o arquétipo contém os aspectos positivos e negativos de um determinado tema. O arquétipo materno, por exemplo, refere-se por um lado à mãe acolhedora e nutridora, por outro a seu oposto, a mãe que rejeita e mata. Ambos os polos devem ser acolhidos pela consciência como possibilidades de comportamento humano, para que não haja perigo de uma posição consciente unilateral. Se isso ocorrer, o comportamento não integrado à consciência continuará a atuar a partir do inconsciente, o que provavelmente acarretará um conflito neurótico. A capacidade de a consciência conviver com os opostos inerentes à estrutura arquetípica da psique seria indicativa de saúde psíquica.

Os arquétipos formam o inconsciente coletivo.[20] Jung afirma que a criança ao nascer já traz *in potentia* a capacidade de atualizar esses arquétipos de acordo com suas vivências no mundo das relações. Ocorre uma interação entre a disposição arquetípica interior da criança e o seu contato com o mundo externo. A partir dessa interação, vão se compondo os complexos, que, por sua vez, integram aquilo que se chama inconsciente pessoal.

A divisão entre um inconsciente pessoal e outro coletivo é principalmente didática. Grosso modo, o inconsciente pessoal está relacionado com as questões

---

[20] "O inconsciente coletivo é tudo menos um sistema pessoal encapsulado, é objetividade ampla como o mundo e aberta ao mundo. Eu sou o objeto de todos os sujeitos, numa total inversão de minha consciência habitual, em que sempre sou sujeito que *tem* objetos. Lá estou eu na mais direta ligação com o mundo, de forma que facilmente esqueço quem sou na realidade. 'Perdido em si-mesmo' é uma boa expressão para caracterizar esse estado. Este si-mesmo, porém, é o mundo, ou melhor, um mundo, se uma consciência pudesse vê-lo. Por isso, devemos saber quem somos." *Obras Completas*, vol. IX/1. Petrópolis: Vozes, 2003.

específicas da vida do indivíduo. Forma-se no embate entre as necessidades coletivas do ser humano, representadas pelos arquétipos, e as necessidades do mundo externo, representadas pelas relações da criança. Os símbolos dos sonhos referentes a essa camada do inconsciente, geralmente, têm um caráter próximo aos acontecimentos do dia-a-dia. Já os símbolos que se referem ao inconsciente coletivo, que emergem na medida em que as situações vividas por um indivíduo nunca são completamente únicas, têm um caráter estranho: monstros mitológicos, naves espaciais etc.

Voltando à metáfora do navio, a tripulação é dividida de acordo com os fenômenos marítimos que conhece, cada tripulante podendo conhecer questões referentes a mais de um fenômeno marítimo. Os tripulantes formam uma camada intermediária entre o capitão e o oceano e suas características. Um exemplo conceitual: o complexo paterno – um de nossos tripulantes – se formará, por um lado, a partir da presença de uma das inúmeras imagens contidas no arquétipo paterno – um de nossos fenômenos atmosféricos –, imagens essas que representam os possíveis comportamentos paternos humanos. Por outro lado, na relação com o pai externo, essa imagem paterna interior vai ser modificada ou reafirmada, de acordo com a personalidade desse pai. Essa estruturação da alma ajuda a compreender por que dois irmãos podem experienciar o mesmo pai de forma diferente; são realidades internas diversas, e isso determinará uma diferente *imago* paterna em cada um. Jung define imago como a lente interna com a qual lemos determinada realidade. Nossa observação de alguém terá sempre o viés decorrente da constituição particular de nossa alma.

Se transpusermos essa visão do indivíduo para as culturas, as diferenças se expressam nos vários deuses masculinos, nos diferentes pais dos contos de fada e assim por diante. Em cada cultura, algumas dessas imagens paternas se sobressaem em detrimento de outras, que ficam dormentes. Pode-se dizer que cada cultura vai criar leis (complexo paterno) que a ajudem a se adaptar à realidade específica com a qual se confrontam. As leis de uma sociedade complexa serão diferentes daquelas de uma tribo indígena, por exemplo. O mesmo ocorre com os outros arquétipos.

O ego tem de lidar com o mundo externo e o mundo interno. Se não conseguir se adaptar ao mundo externo ou aos conteúdos do inconsciente, surge a patologia. A dificuldade em geral é que o ego, em sua arrogância, muitas vezes não considera os símbolos que surgem do inconsciente, por meio de sonhos ou fantasias espontâneas. Jung acredita que a cultura ocidental esqueceu a importância da linguagem simbólica. Desaprendeu a ler os símbolos, e não valoriza a fantasia. O Ocidente perdeu contato com o movimento das marés, das correntes, dos ventos, e isso equivale ao afastamento dos instintos, pois na teoria junguiana é impossível separar o conceito de arquétipo do conceito de instinto.

Numa primeira definição, Jung afirma que os arquétipos são a imagem dos instintos. Numa outra, argumenta que o arquétipo tem um polo espiritual e outro biológico, que corresponderiam aos extremos ultravioleta e infravermelho do espectro da luz. O polo biológico são os instintos, estímulos a determinados comportamentos que têm, como característica, a compulsividade.[21] O instinto ancora-se no biológico e é extrapsíquico. Mas ao encontrar uma estrutura

---

[21] *Obras Completas*, vol. VIII/2. Petrópolis: Vozes, 1984, par. 234.

psíquica complexa, tal como ocorre no homem, torna-se um instinto psicológico, determinando o polo espiritual que corresponde à forma visual dos instintos. O conceito de arquétipo é, portanto, um conceito psicossomático.[22]

Jung fala da amplidão do arquétipo exemplificando com os extremos do espectro da luz; eles são inacessíveis ao olho humano e, portanto, segundo sua metáfora, à consciência. Ele se refere a uma profundidade à qual deu o nome de inconsciente psicoide. Nesse nível, os mundos psicológico e fisiológico se tocam, ou melhor, a matéria e o espírito ainda não se separaram. O conceito de sincronicidade, que será visto no próximo capítulo, liga-se a essa ideia.

Jung identifica e descreve cinco instintos.[23] Primeiro, a fome, como instinto de autoconservação. Em seguida a sexualidade, como instinto da conservação da espécie. Em terceiro lugar está o impulso à ação, que compreende a tendência a viajar, o amor à mudança, o lúdico. O quarto é o instinto reflexivo: é uma interrupção da carga de excitação que percorre o arco reflexo e que sofre o processo de psiquificação; ou seja, um desvio que rebate a excitação para a psique, antes que essa excitação se descarregue no mundo exterior. Em vez de uma reação instintiva surge uma série de estados ou conteúdos, que determinam a capacidade humana de refletir sobre o que vivencia: "A reflexão é

---

[22] Segundo Samuels, Shorter e Plaut, o conceito de arquétipo de Jung está na tradição das ideias platônicas, presentes nas mentes dos deuses, e que servem como modelos para todas as entidades no reino humano. As categorias apriorísticas da percepção de Kant e os protótipos de Schopenhauer também são conceitos precursores. Ver A. Samuels, B. Shorter, B. Plaut, *Dicionário Crítico de Análise Junguiana*. Rio de Janeiro: Imago, 1986, p. 39.

[23] *Obras Completas*, vol. VIII/2. Petrópolis, Vozes, 1984, par. 237-245.

o instinto cultural *par excellence*, e sua força se revela na maneira como a cultura se afirma em face da natureza".[24] A excitação se transforma em imagens, conteúdos psíquicos que podem ser verbalizados, ou podem aparecer na forma de pensamento abstrato, obras de arte, comportamentos éticos ou conquistas científicas. Por último está a força criativa, que Jung afirma ser de natureza semelhante à do instinto.[25]

SONHOS

Jung foi um grande estudioso dos sonhos, que fazem parte essencial de sua terapia. Afirma que neles se expressa o modo como o inconsciente assimila aquilo que vivemos e, ao mesmo tempo, reage a essas experiências. Nas palavras de Jung, "os sonhos [...] comportam-se como compensações da situação da consciência em determinado momento".[26]

Essa definição chama a atenção para a necessidade de se conhecer a situação consciente do sonhador. Os símbolos oníricos não vagam no nada,[27] referem-se a uma situação específica. Se a consciência, ao analisar determinada situação, constrói julgamentos rígidos ou unilaterais, ou então deixa de lado aspectos importantes em relação a alguma ideia, os símbolos dos sonhos

---

[24] Idem, par. 243.

[25] Idem, par. 245.

[26] Idem, par. 487.

[27] Não se conhecem os arquétipos, mas sim as imagens que produzem, que são chamadas imagens arquetípicas. Essas imagens, embora traduzam verdades universais, são símbolos que fazem sentido na cultura em que se inserem. Por exemplo, Jung analisa os discos voadores como um símbolo de nossa época que expressa a totalidade. Em outras épocas ou outra cultura, essa mesma totalidade poderia ser expressa por outro símbolo.

vão trazer os dados que faltam para que a situação se mostre, ao sonhador, de maneira diferente. Essa é a razão da importância dos sonhos para o processo terapêutico: a atitude consciente do paciente é questionada, retificada, ampliada, a partir dos símbolos produzidos por sua própria interioridade. Retomando nossa metáfora, a tripulação reage às ordens do capitão, mostrando dados que ele não enxerga, dado seu posicionamento dentro do navio.

Compreender os sonhos como compensações da situação consciente não satisfez Jung. Essa é uma característica sua: reconhecer a impossibilidade de conhecer o funcionamento da psique de maneira satisfatória. Pode-se somente construir hipóteses que terão uma validade relativa, pois o inconsciente sempre poderá mostrar um novo rosto. Jung chega a afirmar que devemos construir uma nova teoria para cada paciente.

Dentro desse espírito, Jung descreve outras duas possibilidades de compreensão dos sonhos. A primeira é a função prospectiva. Se alguém se afasta muito da norma, ou seja, do comportamento médio esperado para determinada cultura, o inconsciente ganha importância, e traça possibilidades de desenvolvimento futuro em relação ao caminho tomado pela consciência. Como o inconsciente tem acesso a um material amplo, composto por percepções, pensamentos e sentimentos subliminares, não se deve desprezar a direção apontada pelo inconsciente, mas lhe dar a mesma importância que se dá às conclusões da consciência. Isso não significa que a direção apontada pelo inconsciente esteja sempre correta, senão teríamos um oráculo infalível, ou uma profecia, o que facilitaria muito nossa vida. Infelizmente, a função prospectiva propõe uma direção que pode ou não concordar com o curso dos acontecimentos, ou mesmo concordar em alguns detalhes e em outros não. O sonho não pode ser visto como um guia infalível.

Outra possibilidade descrita por Jung é o sonho telepático. Em sua experiência, ele afirma que é difícil encontrar a importância dos acontecimentos telepáticos que aparecem nos sonhos. Qual a importância de sonhar com a chegada de uma carta que realmente chega, mas cujo conteúdo não traz maior interesse? Jung não aceita a ideia do puro acaso e nem de algum tipo de explicação sobrenatural. Afirma que a explicação está além do saber acadêmico. Seu interesse por esse tipo de fenômeno é a raiz do conceito de sincronicidade, que veremos no próximo capítulo.

O sonho é um fenômeno natural, não esconde nada. Nele, estão símbolos que procuram contrabalançar atitudes muito extremadas, ou a falta de atitudes da consciência. Jung entende a psique como um sistema fechado, que procura se equilibrar. Voltando à nossa metáfora, as correntes marítimas não se preocupam com o capitão e seus dilemas, o que aumenta a importância da tripulação. Se essa não for ouvida – ou, pior, se for trancafiada no porão –, pode se amotinar. A atitude do capitão é fundamental. O diálogo entre ele e a tripulação é que ajuda a travessia a ser feita da melhor maneira. Os sonhos, ao lado das fantasias e da imaginação, são as maneiras que a tripulação utiliza para se comunicar com o capitão.

SOMBRA

A consciência tem limites. Por mais que possa ser ampliada, sempre haverá uma zona de fronteira para além da qual a dinâmica do inconsciente se impõe. O arquétipo da sombra tematiza esse lugar: o desconhecido que nos acompanha. O complexo da sombra pode se compor tanto de conteúdos que nunca estiveram na consciência como daqueles que foram reprimidos por estarem em desacordo com a identidade construída pelo ego.

Em nossa imagem, o capitão acolhe alguns membros da tripulação no convés, mas gostaria que só viessem os tranquilos. Os que geram problemas vão para a prisão, no porão do navio. Os muito diferentes ficam perambulando, junto com os auxiliares não convocados pelo capitão, também no porão. Nem é preciso dizer que sempre que esses membros da tripulação puderem, vão tentar perturbar o capitão e seu comando.

Conceitualmente, a sombra sempre se apresenta inicialmente no outro. Seus conteúdos, assim como todos os conteúdos do inconsciente, tendem a se projetar e a ser percebidos no comportamento e ações dos outros. Enxergamos primeiro no exterior aquilo que odiamos e desconhecemos em nós. Tendemos a não reconhecer esses conteúdos como nossos e, defensivamente, os valoramos negativamente. Nas palavras de Jung, sombra é "aquilo que ele (a pessoa) não queria ser".[28]

Quanto mais conteúdos forem reprimidos, mais energia psíquica fica no inconsciente, minando a força do ego. Este fica frágil, atribui um poder excessivo às pessoas; e as atividades que precisa realizar passam a ser penosas. O ego fica paralisado, invadido pelo medo. Ou então fica agressivo, e procura destruir nos outros aquilo que considera negativo em si, mas não reconhece como próprio (e com o que, consequentemente, não lida). As relações com o outro ficam sobrecarregadas. É o onipresente mal que, em sua dimensão arquetípica, gera as distâncias entre as pessoas. As distâncias

---

[28] *Obras Completas, vol.* XVI/2. Petrópolis: Vozes, 1987, par. 470.

geram incompreensões, que podem desembocar em guerras ou em um esforço extra de aproximação. O mal pode também se apresentar em situações de extrema carência, impostas por uma maternagem deficiente, um pai ausente ou agressivo, amores infelizes ou por situações coletivas de extrema necessidade, tais como acidentes ou desastres naturais.

A primeira tarefa de uma análise junguiana é trabalhar a sombra: separar o que é responsabilidade própria daquela do outro, e questionar as ilusões a respeito de si mesmo. Começar a árdua tarefa de se tornar um adulto humano.

A MÃE

A presença do invisível, do inconsciente, sempre acompanhou Jung. Pode-se dizer que o primeiro símbolo desse poder do invisível é ligado ao arquétipo da mãe. Nossa vivência inicial é muito ligada a ela; e percorremos um longo caminho até ganhar alguma autonomia. Periodicamente, precisamos voltar à mãe, ou seja, ao inconsciente, para um processo de renovação.

Vimos que Jung considera a psique um sistema fechado, que procura se equilibrar. A energia psíquica, portanto, está sempre em movimento, procurando manter o equilíbrio entre o consciente e o inconsciente, o dia e a noite, o universo da razão e o do sonho. A volta à mãe diz respeito ao incesto que, tal como compreendido por Jung, é um chamado natural. Nunca é demais dizer que todo esse processo deve ser vivido simbolicamente.

Além desse movimento, a energia psíquica, ao encontrar um obstáculo, tende também a regredir em direção à infância e à mãe. Em ambos os casos, constela-se o arquétipo do herói, que é o responsável pela retirada da consciência do útero materno. Em alguns mitos essa saída inclui a morte da mãe, em outros é o filho que morre ou se emascula. São diferentes resoluções do embate da consciência e do inconsciente.

No primeiro caso, pode-se perceber a repressão do inconsciente, um desfecho perigoso para a vida ulterior do indivíduo. Isso acontece porque o inconsciente, simbolizado pela mãe, aparece, para o ego, como uma ameaça para sua capacidade de autonomia e exercício da consciência. Matando-a, o ego se afasta do inconsciente e passa a olhar o mundo de forma unilateral, apenas com a razão, afastando-se do universo simbólico. Édipo é o paradigma dessa saída na leitura de Jung, e nossa civilização vive as consequências da ação edípica no intelectualismo excessivo.

O tabu do incesto procura impedir o mergulho permanente do ego no inconsciente. Outros símbolos maternos surgem, menos aprisionadores, colocando a energia psíquica novamente em movimento progressivo. A mãe passa de mãe carnal a mãe espiritual. O indivíduo se separa do rebanho e torna-se consciente de sua unicidade e, portanto, de sua solidão e de sua vindoura morte.[29] Esse processo é cheio de perigos, pois se o ego não consegue lidar com os aspectos negativos da mãe, pode ficar preso no inconsciente, no reino da imaginação e do mito, que tende, então, a se misturar com a realidade.

Em nossa imagem, é como se o capitão ficasse prisioneiro no porão. Não existe ninguém no convés que responda pelo barco, tripulantes surgem e tomam decisões contraditórias, sem consideração uns pelos

---

[29] *Obras Completas* vol.V. Petrópolis: Vozes, 1986, par. 415.

outros. O navio está à deriva. Essa é a derrota mais temida que o capitão pode temer. O horror de que isso aconteça restringe seus movimentos. Muitas vezes, o medo enrijece os braços que poderiam guiar o barco no sentido de fazer com que sua rota colaborasse com aquela dos outros navios. O desespero o leva a abalroar e ser abalroado, tornando uma navegação que deveria ser surpreendente e alegre em algo cheio de sofrimentos e imprevistos desagradáveis.

O PAI

Como já vimos, Jung teve um pai torturado por dúvidas em relação à fé. Para um homem religioso, isso é uma catástrofe. O que significa ser um pastor que não é mais capaz de acreditar naquilo que tem de transmitir? O que faz um nadador profissional que, para o próprio espanto, sente que se afoga por não reconhecer o elemento que, até pouco tempo, lhe era tão íntimo?[30] Como alguém, com essa intensidade de sofrimento, pode enfrentar um adolescente complexo, arrogante, e inseguro como foi Jung?

Em tal situação, o pai tende a se tornar uma figura distante, e é difícil humanizar a relação pai-filho. Humanizar uma relação significa trazer à consciência os dois polos de um complexo: seria fazer com que o amor e o ódio não se mantivessem separados, e sim mesclados em uma série de sentimentos e ideias que preencha o potencial humano, e tornem o corpo

---

[30] Duas obras de arte transmitem a catástrofe que significa a perda de fé para um homem da igreja. São elas: John Updike, *Na Pureza dos Lírios*. São Paulo: Companhia das Letras, 1997. Principalmente a primeira parte, "Clarence". E um filme de Ingmar Bergman, *Luz de Inverno*. São Paulo: Versátil Home Vídeo.

psíquico mais vibrante. É como se, ao invés de só existir o branco e o preto, surgisse toda a paleta de cores. Isso vale para todos os complexos.

O complexo paterno funciona, entre outras coisas, como tentativa de impedir a regressão da energia psíquica. Sua função é mostrar um dinamismo ligado à racionalidade e à lógica. Um de seus símbolos é o sol, que discerne, explica, racionaliza, intelectualiza. Está ligado ao *logos* em oposição ao *mythos*, que se refere ao arquétipo materno.[31] As conquistas científicas e tecnológicas de nossa cultura se devem ao exercício do complexo paterno, que precisa se ater aos fatos, e funcionar com eficiência no mundo profano.

O *mythos,* que simbolicamente se refere ao complexo materno, dirige-se ao eterno e ao universal, seus relatos têm um efeito sobre nossa experiência e comportamento. Em uma sociedade, o *mythos* proporciona um contexto que dá sentido ao cotidiano. É óbvio que a parceria dessas duas instâncias seria a situação ideal, mas não é o que se observa. Cria-se uma hierarquia entre razão e mito, como se a razão fosse dar conta de tudo e o mito se tornasse desnecessário.

Mas não se deve cair no extremo oposto, ou seja, uma supervalorização do *mythos*, um perigo que assombra a psicologia junguiana. O pai nos ensina a enfrentar o mundo sem ilusões, e a suportar limites. Os instrumentos de navegação, a sabedoria no timão, as baías nas quais não se deve entrar, são atributos indispensáveis. Sem eles se anda em círculos. Mas a dificuldade de colaboração entre *logos* e *mythos* nos encaminha para o próximo arquétipo.

---

[31] Karen Armstrong, *Em Nome de Deus. O Fundamentalismo no Judaísmo, no Cristianismo e no Islamismo.* São Paulo: Companhia das Letras, 2001, pp. 14-15.

ANIMA – ANIMUS/PERSONA

O que nos fascina? Como lidar com o fascínio? Em geral, a fascinação está ligada às relações amorosas. Em suas memórias, Jung escreve que sempre guardou uma desconfiança quanto ao amor. Ligava esse sentimento às ausências repetidas de sua mãe em sua infância. Independente da causa, sua vida amorosa foi sempre conturbada. Manteve-se casado a vida inteira com Emma Rauschenbach que, por sua vez, não se separou por acreditar que Jung desmoronaria se assim o fizesse.[32] Sempre que surgia o assunto, Jung adoecia. Com o tempo, Emma se adaptou ao marido, mantendo uma relação insólita, mas que parece ter sido satisfatória para os dois.

Ele vivia cercado de mulheres, conhecidas como *Jungfrauen* ("as mulheres de Jung") ou "as Valquírias" ou "as onze mil virgens", que assistiam às suas aulas na universidade. Muitas dessas mulheres não eram, obviamente, só admiradoras. A ligação amorosa mais importante foi com Toni Wolff, com quem manteve uma longa relação.[33] Viajava com Emma ou Toni, e muitas vezes ambas o acompanhavam.

Com essa intensa vida amorosa, Jung começou a perceber a existência em si de uma voz feminina,

---

[32] Deirdre Bair, *Jung, uma Biografia*, vol. I. São Paulo: Globo, 2006, p. 413.

[33] Antes de Toni Wolff, outra mulher, além de Emma, teve uma relação significativa com Jung: Sabina Spielrein, filha de ricos judeus russos, que, aos 18 anos, em 1904, tornou-se paciente de Jung. Foi uma análise longa. Jung se envolveu afetivamente com Sabina e, após o final conturbado da análise, ela se aproximou também de Freud. Mais tarde tornou-se psicanalista e foi para a Rússia. O papel que ela desempenhou, tanto em relação à amizade entre ambos quanto em relação às ideias teóricas que então estavam sendo gestadas, foi relevante. Ver John Kerr, *Um Método Muito Perigoso. Jung, Freud e Sabina Spielrein: a História Ignorada dos Primeiros Anos da Psicanálise*. Rio de Janeiro: Imago, 1997. Também foi feito um filme sobre ela dirigido por Roberto Faenza, *Jornada da Alma*. DVD Paris Filmes, 2003

que interferia em seus pensamentos. Era uma voz interior, a lhe dizer que o que ele fazia era arte. A partir da elaboração dessa vivência, definiu o que chamou de *arquétipo da sizígia* (conjunção) *anima-animus*. No homem, segundo Jung, aparece como uma mulher, em sonhos, ou na imaginação, e carrega características femininas. Na mulher ocorre o oposto.

Jung define esse arquétipo como "a fonte das projeções". Já vimos que a sombra se compõe de tudo aquilo que ainda não foi trazido à consciência, e do que é reprimido. Vimos também que seus conteúdos tendem a se projetar nos outros. O arquétipo da *anima* e do *animus* engloba o da sombra, pois representa justamente essa tendência a projetar o desconhecido. Se projetarmos algo que nos pertence ficamos presos, profundamente comprometidos com a pessoa ou com a ideia que recebe nossa projeção. Essa ligação, por meio da projeção de algo próprio, ainda desconhecido, é o que define o arquétipo da sizígia.

Por serem desconhecidos, e carregarem muito do mistério daquilo que ultrapassa o poder de compreensão da consciência, esses conteúdos muitas vezes possuem uma força peculiar. Jung usa o conceito de "numinoso", desenvolvido pelo teólogo Rudolf Otto (1869-1937),[34] para caracterizá-los. O numinoso refere-se à obscura profundidade emocional, fascinante e aterrorizadora, que é acessível ao sentimento, mas não à conceituação lógica.

O que se projeta não se projeta a esmo. Aquele que recebe a projeção é adequado para isso, tem também algo daquele conteúdo. Pode-se dizer que sempre existe o cabide certo para pendurarmos nosso

---

[34] Rudolf Otto, *O Sagrado*. Lisboa: Edições 70, 1992.

casaco. Trabalhar o arquétipo da *anima-animus* é o que permite a construção de uma relação cada vez mais verdadeira com o outro, aceitando quem esse outro realmente é, e não impondo ao outro a nossa verdade, ou, melhor dizendo, nossas projeções.

Sempre que se lê sobre esse conceito é importante considerar que o espírito da época determina muito do que é reconhecido como masculino e feminino. Jung usa muito a dicotomia masculino-feminino para falar desse arquétipo. O problema que surge é que aquilo que é considerado masculino ou feminino muda muito em culturas diferentes, ou mesmo dentro de uma só cultura. Na maioria das vezes, Jung define o *animus* associado ao *logos* e a *anima* associada a Eros, como se o homem tivesse sempre uma consciência-*logos* e a mulher uma consciência-Eros. Com as mudanças culturais pelas quais passamos em relação a esse tema, fica claro que o importante é a reflexão sobre as projeções, que podem assumir uma imagem contrassexual, mas não necessariamente. O próprio Jung afirma essa realidade:

"Na projeção, a *anima* sempre assume uma forma feminina, com determinadas características. Esta constatação empírica não significa, no entanto, que o *arquétipo em si* seja constituído da mesma forma. A sizígia masculino-feminino é apenas um dos possíveis pares de opostos, mas na prática é um dos mais importantes e frequentes. Ela tem muitas relações com outros pares (de opostos) que não apresentam diferenças sexuais, podendo, pois, ser colocados numa categoria sexual apenas de um modo forçado."[35]

---

[35] *Obras Completas*, vol. IX/1. Petrópolis: Vozes, 2003, par. 142.

Portanto, todas as descrições de problemas ou possessões de *animus* e *anima* que lemos em Jung devem considerar o momento cultural em que foram escritas.

O arquétipo da sizígia *anima-animus* nos liga ao outro, ao desconhecido. Mas como nos apresentamos a esse outro? Somos incapazes de nos revelar por inteiro; mantemos algumas características que nos ajudam a compor nosso papel social. Somos médicos, psicólogos, advogados. Vestimo-nos dentro de um estilo. Temos objetos que nos identificam em um grupo. Esse recorte de nós mesmos que mostramos à sociedade é uma necessidade arquetípica, e compõe o arquétipo da *persona*, nome que surge a partir da máscara usada pelos gregos em seu teatro.

Se não a tivermos, ficamos desadaptados socialmente. Mas, se ela se tornar rígida, ocorre uma "identificação com a persona": são aquelas pessoas que se definem pelo cargo ou profissão que ocupam, como se isso bastasse para defini-los. Possuem uma interioridade vazia, uma identidade frágil. Não conseguem sair de si mesmas, pois bloqueiam o movimento de projeção-conscientização administrado pelo arquétipo da sizígia *anima-animus*. Todas as relações que tentam construir com o mundo exterior sofrem com isso.

Retomando: a energia psíquica na concepção de Jung é um conceito que deve ser compreendido como um *quantum*. Essa energia se determina qualitativamente na medida em que tramita pelos complexos da psique. Sua manifestação, portanto, revela sempre os dois polos do complexo, como foi visto acima. Na prática, a energia psíquica é dual. A procura de um equilíbrio entre dois opostos nos leva ao arquétipo central.

SI-MESMO

O que se pode dizer acerca do inconsciente coletivo? Por um lado é conservador, pois representa a tradição, em todas as suas nuances. Ao mesmo tempo é como se fosse um enorme computador, que contém informações praticamente infinitas, as quais podem, eventualmente, abrir possibilidades inesperadas para a consciência. Para isso se dar, a consciência tem de abrir espaço para o inconsciente.

Como vimos, a psique, para Jung, é um sistema fechado, que tende a se autorregular. Por meio de símbolos, o inconsciente oferece as compensações necessárias. Mas o pensamento dirigido de nossa cultura tende a desvalorizar o *mythos*: e a compensação, que seria um processo natural, não funciona. Após retomar a importância da atenção aos símbolos, a consciência precisa conviver com as novas possibilidades que eles trazem, o que torna possível o início da função transcendente. Jung a define como aquela que permite a colaboração entre conteúdos conscientes e inconscientes.[36]

Esse é um trabalho sem fim, para a vida inteira. Jung o nomeou "processo de individuação". Os embates da consciência com o inconsciente constroem uma percepção cada vez mais afinada, que recolhe na consciência, na medida do possível, os opostos relativos aos complexos. Isso muda a hierarquia entre o complexo do ego, que até então era o centro da consciência, e os outros complexos, que serão reconhecidos como instâncias decisórias, ao lado do ego. Jung afirma que o arquétipo do si-mesmo é aquele que

---

[36] *Obras Completas*, vol VIII/2. Petrópolis: Vozes, 1984, par. 167.

tem uma função organizadora da totalidade consciente-inconsciente.[37] Isso equivale a dizer que ocorre uma ordem na natureza, perceptível ao homem quando ele se afasta da luz intensa da consciência e enxerga a relatividade do ponto de vista consciente.

Mas o que significa realmente essa vivência? Em nossa imagem, o capitão abandonou a ilusão de quanto depende dele a navegação. Reconhece as correntes marítimas e os ventos, e procura se aliar aos tripulantes para tomar as decisões, que são produto de tudo o que se relaciona ao barco e à navegação. Como poderia ser chamado esse outro poder decisório? Trata-se de um princípio indefinível, pois ultrapassaria a capacidade de descrição da consciência.

"Intelectualmente", diz Jung, "ele não passa de um conceito psicológico, de uma construção que serve para exprimir uma essência incognoscível que não podemos dominar desde que por definição ela transcende nossa capacidade de compreensão. O si-mesmo também pode ser chamado 'o deus em nós'. Os primórdios de toda nossa vida psíquica parecem estar inextrincavelmente enraizados nesse ponto e as metas mais altas e derradeiras parecem dirigir-se para ele. Tal paradoxo é inevitável, assim como sempre que tentamos definir o que ultrapassa os limites de nossa compreensão."[38]

Esse conceito provoca muita celeuma, pois Jung diz que existem muitas imagens que correspondem a esse arquétipo e são todas imagens de Deus. Inerente a esse conceito, há um questionamento das religiões,

---

[37] Um símbolo do si-mesmo muito estudado por Jung é a Mandala, que indicaria um centro psíquico que não é igual ao Eu consciente. *Obras Completas*, vol. XII. Petrópolis: Vozes, 1991, par. 122-26.

[38] *Obras Completas*, vol. VII/2. Petrópolis: Vozes, 1979, par. 399.

pois ele implicitamente afirma a relatividade de todas as religiões e, paradoxalmente, as reconhece como fatores fundamentais do equilíbrio psíquico humano. As religiões, na leitura junguiana, se ocuparam por muito tempo do diálogo entre o consciente e o inconsciente. Sua teoria permite que as revelações religiosas sejam consideradas registros simbólicos da dinâmica do inconsciente, da mesma forma que os contos de fadas ou histórias folclóricas. Mas, com essa leitura, Jung desagradou a religiosos e ateus, pois relativiza ambas as posições.

Jung criou essa concepção da psique durante sua doença criativa, nos anos 10 do século 20. Em seguida, procurou encontrar, na história e em outras culturas, ideias que referendassem as suas. Serão o assunto do próximo capítulo.

3. RAÍZES, ALQUIMIA, INDIVIDUAÇÃO

Depois de entrar em confronto com o inconsciente e delinear seus conceitos psicológicos, Jung sentiu necessidade de "apoiar em terra firme [suas] fantasias e os conteúdos do inconsciente".[39] Comprou um terreno na margem superior do Lago de Zurique e iniciou a construção daquela que ficou conhecida como a Torre de Bollingen. O início das obras se deu em 1923; até 1955 Jung adicionaria novas estruturas, sempre com o intuito de representar na pedra aspectos de suas vivências. Retirava-se para lá e levava uma vida simples; cortava a lenha de que necessitava, plantava e colhia, imerso em sua interioridade. Com a construção em Bollingen, Jung concretizou um espaço para sua personalidade número 2.

---

[39] C. G. Jung, *Memórias, Sonhos e Reflexões*. Rio de Janeiro: Nova Fronteira, 1992, p. 196.

Por outro lado, nessa mesma época, começou a olhar para o exterior. Entre 1919 e 1925 deu palestras em diferentes países da Europa; como turista foi duas vezes à África e duas vezes aos Estados Unidos. Lá, foi ao Novo México visitar os índios *pueblo*. Conta em suas memórias[40] que nessas viagens conseguiu olhar para a Europa de fora. Pela primeira vez estava em um lugar sem os preconceitos cristãos, com uma diferente tradição histórica, e isso lhe permitiu lançar outro olhar em relação à cultura europeia. Despregou-se da noção de tempo ocidental, vivenciando um tempo circular, sem a premência do progresso. Ouviu o chefe dos índios *pueblo* lhe dizer que o homem branco é louco, pois pensa com a cabeça e não com o coração. Percebeu a outra face da civilização ocidental, a ave de rapina dos escudos heráldicos europeus em ação. Um homem, apoiado em sua lança, visto pela janela do trem, desencadeou em Jung uma reflexão sobre como seria o desenrolar do mundo, sem que a consciência humana criasse o significado. Concluiu que essa capacidade humana o torna um segundo criador no processo do ser.[41]

Jung queria encontrar as raízes históricas das experiências interiores que percebia em si próprio e em seus pacientes. Entre 1918 e 1926 retomou o estudo sobre os gnósticos que, segundo seu entendimento, haviam encontrado, a seu modo, o mundo do inconsciente.[42] Mas sentia que faltava um degrau entre as

---

[40] Idem, p. 212-52.

[41] Idem, p. 224.

[42] Jung escreveu em 1916 os *Septem Sermones ad Mortuos*, texto de caráter gnóstico, nunca divulgado oficialmente durante sua vida. Embora o tenha considerado um pecado de juventude, permitiu "pelo amor à honestidade", que fosse publicado junto a suas memórias. Ver *Memórias, Sonhos e Reflexões*, pp. 332-41.

concepções gnósticas e suas próprias concepções psicológicas. A alquimia revelou-se a ponte que faltava.

Em 1928 Richard Wilhelm lhe deu um livro sobre alquimia chinesa, *O Segredo da Flor de Ouro*. A partir de seu encontro com essa obra, estudou por dez anos textos alquímicos. Percebeu que os alquimistas falavam a linguagem simbólica, o que os aproximava de suas próprias concepções. Com a alquimia, compreendeu o inconsciente como "um *processo*, e que as relações do ego com os conteúdos do inconsciente desencadeiam um desenvolvimento ou uma verdadeira metamorfose da psique. Nos casos individuais é possível seguir este processo através dos sonhos e fantasias. No mundo coletivo, tal processo se encontra inscrito nos diferentes sistemas religiosos e na transformação de seus símbolos".[43] Através do estudo das evoluções individuais e coletivas, e pela compreensão da simbologia alquimista, chegou ao conceito básico de toda a sua psicologia: o "processo de individuação".

ALQUIMIA E CRISTIANISMO

Jung encontrou na história do homem o degrau de que sentia falta. Os alquimistas procuravam o ouro – não o ouro vulgar, mas aquele que representava a totalidade, a reunião da consciência com o inconsciente, aquele ponto definido por Jung como si-mesmo.

A alquimia acompanha o cristianismo compensando suas lacunas, principalmente em relação à maneira de lidar com os contrários. O cristianismo, segundo Jung, se desenvolveu em detrimento do

---

[43] Idem, p. 184.

homem interior.[44] Deu muita ênfase à imitação de Cristo e isso levou a uma preponderância do homem exterior, com um comportamento de aparência, muitas vezes deixando o homem interior sem se desenvolver, perdido na sombra. Já que Cristo foi identificado com o Bem, o Mal, além de ser responsabilidade do homem, tem de ser reprimido, e não compreendido como parte integrante do ser humano. A sombra fica maior, e cresce a tensão entre o bem e o mal, entre os contrários.

É claro que a intenção da *imitatio Christi* não era a de uma simples imitação, mas sim da realização, em cada um, do exemplo dado por Cristo. Porém, o desenvolvimento do símbolo de Cristo não se deu dessa maneira; e a alma ficou na escuridão, subvalorizada. O que pode ter facilitado esse desenvolvimento é a atitude extrovertida do ocidental, que tende a compreender tudo ao nível do objeto, Cristo inclusive. Isso enfraquece o entendimento de Cristo como aquele que está presente no interior de cada um. Para Jung, o oriental está ligado ao homem interior, e vê o exterior, seu próprio ego e individualidade, como uma ilusão passageira.

Mas a alma faz ligações, como vimos, com aquilo que está inconsciente. No caso, com os processos naturais que ocorrem na interioridade do homem e que foram deixados de lado pelo cristianismo. É nesse ponto que entra a alquimia, na visão de Jung, que assim descreve o trabalho dos alquimistas:

"O trabalho deles com a matéria representava, sem dúvidas, um esforço sério de penetrar a natureza das transformações químicas; mas, ao mesmo tempo,

---

[44] *Obras Completas*, vol. XII. Petrópolis: Vozes, 1991, par. 12.

era também – e em uma proporção muitas vezes dominante – a reprodução de um processo psíquico, que se desenrolava paralelamente e que podia ser mais facilmente projetado na química desconhecida da matéria por ser um fenômeno inconsciente da natureza, tanto quanto a transformação misteriosa da matéria. É o problema descrito acima do processo de se desdobrar da personalidade chamado processo de individuação, que se exprime na simbólica alquímica."[45]

Porém, com as mudanças que ocorreram na civilização ocidental a partir do Renascimento, o lado simbólico da alquimia perde forças e a química ganha espaço. E com isso prevaleceu a tendência cristã de unilateralidade espiritual, em detrimento do instintivo.[46]

Jung procura a objetividade científica quando explora a psique. As religiões são alvo de seu olhar inquiridor, pois seus símbolos, como foi visto acima, espelham o processo de individuação coletivo. O problema é que a religião se sente invadida com esse olhar objetivo. Mas como responder à pergunta sobre qual deus é verdadeiro? Jeová? Alá? Xangô? Por que um seria verdadeiro e o outro não? Não há como responder a essa pergunta a não ser procurando outro ponto de vista que relativize a questão. E essa é a proposta ousada de Jung em relação às religiões: a partir do arquétipo do si-mesmo, surgem imagens do divino.

A psicologia junguiana não afirma a existência de um Ser criador com determinadas características. Muitos críticos de Jung afirmam que, em sua psicologia, ele propõe um deus interior. Essa ideia pode ser

---

[45] Idem, par. 40.

[46] Para compreender melhor a visão que Jung tem do cristianismo é interessante ler: "Resposta a Jó", em *Obras Completas*, vol. XI/4. Petrópolis: Vozes, 1979. E, na sequência, "Aion", *Obras Completas*, vol. IX/2. Petrópolis: Vozes, 1982.

inferida de uma leitura apressada de seus escritos. Jung preocupa-se com a realidade simbólica, com os mitos; o divino pode ser vivenciado tanto na interioridade quanto em objetos externos ao homem: "O mito é, essencialmente, o produto de um arquétipo inconsciente e é, portanto, um símbolo que pede interpretação psicológica. Para o homem primitivo qualquer objeto, por exemplo, uma lata velha que foi jogada fora, pode subitamente assumir a importância de um fetiche. O efeito não é, obviamente, inerente à lata, mas é um produto psíquico".[47]

ARQUÉTIPOS E SOCIEDADE

Esse olho afinado com a dimensão arquetípica não o ajudou a detectar a serpente que saía do ovo. Em 1933, na Alemanha nazista, Jung assumiu a presidência da Sociedade Médica Geral Internacional de Psicoterapia, cargo que manteve até 1939. O caráter internacional da Sociedade, reforçado por Jung, permitiu que vários participantes, principalmente judeus, se mantivessem como membros, ao contrário dos desejos nazistas.

Jung também se tornou editor da *Zentralblatt für Psychotherapie*, revista publicada na Alemanha. No final de 1933, foram publicados no mesmo exemplar um artigo de cunho abertamente nazista e um artigo de Jung, "O Estado da Psicoterapia Hoje". Fiel a seu olhar arquetípico, Jung trabalhou nesse texto, e em outros desse período, a suposição de que existem diferenças psicológicas entre as diversas "raças" e

---

[47] *Obras Completas*, vol. X/4. Petrópolis: Vozes, 1991; par. 625.

"nações". Hitler, um Wotan[48] redivivo, seria a compensação para o complexo de inferioridade alemão. São observações que nunca poderiam ser expressas dessa maneira, nessa época. Jung negligenciava os fatores econômicos, históricos, sociais e políticos em suas análises sobre a Alemanha, transformando-a unicamente em uma entidade psicológica, a ser compreendida psicologicamente.[49]

Quando a guerra terminou, Jung foi alvo de reportagens críticas e ataques diretos.[50] Com o passar do tempo, reflexões mais interessantes têm sido feitas sobre suas posições.[51] A complexidade do tema permite que surjam nuances de sua teoria, e ajuda a desidealizar o mestre suíço, passo necessário para que se leia com objetividade seus escritos.

PSICOLOGIA E FÍSICA

Vimos no capítulo anterior que Jung definiu um inconsciente coletivo, camada profunda e inacessível à consciência. Inferimos sua existência a partir de imagens que se referem às experiências comuns a toda a humanidade. Foram usadas as imagens do oceano e suas correntes, dos fenômenos atmosféricos e seus movimentos, para nos ajudar a compreender esse conceito. Mas a metáfora é pobre para

---

[48] Wotan é o deus principal da mitologia nórdica. Seus atributos são muitos. Por um lado refere-se à poesia e à inspiração, por outro lado refere-se à fúria, à loucura e à guerra.

[49] Andrew Samuels, "National Socialism, National Psychology, and Analytical Psychology". In: A. Maidenbaum e S. Martim (eds.), *Lingering Shadows. Jungians, Freudians, and Anti-Semitism*. Londres: Shambala, 1991, p. 189.

[50] Deirdre Bair, *Jung, Uma Biografia*, vol. 2. São Paulo: Globo, 2006, cap. 33.

[51] Ver A. Maidenbaum e S. Martin (eds.), op. cit.

expressar a complexidade desse campo, que Jung chamou psicoide.

Nele, não haveria distinção entre psique e matéria. Jung retomou o conceito de *unus mundus*,[52] ou mundo unitário, para dar conta desse fenômeno. É uma área na qual as leis do tempo, espaço e causalidade não são obedecidas e todos os estratos da existência estão interligados. Experiências relacionadas a esse campo seriam as coincidências significativas, eventos que acontecem em tempos diferentes, mas que guardam uma relação significativa, como, por exemplo, falarmos de uma pessoa que não vemos há muito tempo e ela aparecer na nossa frente inesperadamente. Jung chamou *sincronicidade* essa maneira não causal de conexão. Essa parte de sua teoria é derivada da alquimia e de sua amizade com o físico austríaco Wolfgang Pauli[53] (1900-58).

O CONCEITO CENTRAL

O processo de individuação é o conceito central na teoria junguiana.[54] Jung vê o inconsciente como uma potência que procura expressão. Retomando nossa imagem pela última vez, pode-se dizer que o capitão, uma vez em processo, reconhece que as correntes submarinas, assim como os ventos, o dirigem para um

---

[52] *Obras Completas*, vol. XIV/2. Petrópolis: Vozes, 1990, par. 325-27.

[53] Os interesses amplos de Jung reverberaram em Olga Fröbe-Kapteyn, que sempre quis fazer de sua casa, próxima de Ascona, Suíça, um ponto de encontro entre o Oriente e o Ocidente. Desde 1933, Jung participou das Conferências Eranos, organizadas por ela, e suas ideias tornaram-se o foco dos encontros. Muitos convidados deram palestras, dentre eles Mircea Eliade, Karl Kerényi e Gerhard Scholem.

[54] Peter Homans, *Jung in Context*. Chicago: The University of Chicago Press, 1995, p. 24.

ponto determinado, ainda desconhecido. Sua tripulação, que, como vimos, percebe os movimentos atmosféricos e do mar, lhe transmitirá as coordenadas, na medida do possível. Portanto, ele não pode escolher a rota que quiser; até pode, mas perderá muito da ajuda da tripulação. Precisará se esforçar para construir uma rota de acordo com as orientações que vêm de dentro do barco, e com suas observações dos movimentos exteriores. Nessa jornada, seu barco pode se afastar do restante da frota; e pode mesmo se opor ao caminho da maioria dos barcos; pode ser agredido por isso, ou mesmo agredir – os perigos não têm fim.

Para Jung, o inconsciente é um "outro" que se apresenta no decorrer da vida. Reconhecer e dar a palavra a esse outro é individuar-se. Nesse processo, questões éticas e morais terão de ser enfrentadas, pois, ao entrar no processo, a pessoa deixa de se submeter obrigatoriamente aos ditames sociais, culturais, patrióticos, ou qualquer coisa que possa ser vista como regra moral universal; desenvolve uma ética própria, que pode ser contrária à moral vigente. Por exemplo, uma mulher muçulmana que vive em um ambiente fundamentalista pode querer exercer seu pensamento e pode desenvolver valores próprios quanto ao vestir-se ou ao comportar-se socialmente.

Esse abandono das regras coletivas tem um preço. Algo precisa ser dado em troca, e é nesse lugar

---

[55] "A individuação retira a pessoa da conformidade pessoal e, com isso, da coletividade. Essa é a culpa que o individualizado deixa para o mundo e que precisa tentar resgatar. Em lugar de si mesmo precisa pagar um resgate, isto é, precisa apresentar valores que sejam um equivalente de sua ausência na esfera coletiva e pessoal. Sem esta produção de valores a individuação definitiva é imoral e, mais do que isso, é suicida. Quem não souber produzir valores deve sacrificar-se conscientemente ao espírito da conformidade coletiva." *Obras Completas*, vol. XVIII/2. Petrópolis: Vozes, 2000, par. 1095.

que Jung afirma a importância do indivíduo.[55] Só ele cria novos valores, só ele destrói valores caducos que são aceitos por todos. Qualquer transformação social não se sustenta sem indivíduos criativos que mostrem aquilo que, sendo óbvio, se oculta.

A individuação não se confunde com individualismo,[56] pois o processo não acontece se o indivíduo se isola. Ao mesmo tempo em que a pessoa se percebe única, também percebe, graças a seus aspectos coletivos, que aquilo que acontece com qualquer ser humano reverbera em si própria.

LADO B

No início deste livro, Jung foi definido como o lado B da psicologia profunda. Explicando melhor: o lado B é aquele que, embora não tendo o apelo imediato do lado A, guarda outra beleza, que se mostra mais devagar. Às vezes, devido a uma maior complexidade, que demanda mais tempo para ser apreciada. Às vezes, para usar uma analogia musical, a instrumentação ou a voz do cantor (no lado A) nos atrapalha; mas outra versão pode despertar a simpatia que a versão original não mereceu. (Às vezes, também, não é demais dizer, o lado B é só uma música qualquer, para completar o disco.)

---

[56] "Individualismo significa acentuar e dar ênfase deliberada a supostas peculiaridades, em oposição a considerações e obrigações coletivas. A individuação, no entanto, significa precisamente a realização melhor e mais completa das qualidades coletivas do ser humano; é a consideração adequada e não o esquecimento das peculiaridades individuais, o fator determinante de um melhor rendimento social." *Obras Completas*, vol. VII/2. Petrópolis: Vozes, 1979, par. 267.

Se o leitor que nunca leu Jung tiver a curiosidade de saber em qual dessas categorias ele se inscreve, um bom começo é a leitura de *Memórias, Sonhos e Reflexões*. Na sequência, o volume VII/1, *Psicologia do Inconsciente* e o volume VII/2, *O Eu e o Inconsciente*, das *Obras Completas*. Ou então, "Fundamentos de Psicologia Analítica", que faz parte do volume XVIII/1. A biografia de Deirdre Bair é uma ótima leitura complementar, pois consegue manter a medida certa de empatia por Jung.

Nada substitui o contato direto com a obra de um autor. Também é verdade que alguns pensamentos do mestre ficam mais claros depois de trabalhados por outros, que refletiram sobre suas ideias. É o que veremos no próximo capítulo.

4. DESDOBRAMENTOS

A curiosidade de Jung fez com que ele se interessasse por inúmeros aspectos da alma. As sementes que lançou deram frutos nos escritos de muitos autores. Alguns deles serão citados a seguir, para que se tenha ao menos uma ideia dos desdobramentos da obra do mestre suíço.

O analista inglês Andrew Samuels chama de "pós-junguianos" todos os autores que continuaram a refletir sobre as ideias de Jung. Ele publicou, em 1985, um livro no qual descreve três escolas: a clássica, a de desenvolvimento e a arquetípica.[57] Concebeu essa classificação de acordo com a ênfase dada por cada escola a aspectos clínicos e teóricos. Apesar das limitações inerentes às classificações, elas são úteis como uma primeira organização do panorama junguiano.

---

[57] Andrew Samuels, *Jung e os Pós-Junguianos*. Rio de Janeiro: Imago, 1989.

Jung quase não escreveu sobre as primeiras fases da criança. A escola de desenvolvimento procura aplicar suas ideias à infância. Dois autores significativos dessa escola são o alemão Eric Neumann (1905-60) e o inglês Michael Fordham (1905-95). Neumann descreve as etapas do desenvolvimento do bebê no livro *A Criança*.[58] Fiel à ideia de que a filogênese repete a ontogênese, escreveu também uma *História da Origem da Consciência*.[59] Sua obra, de grande erudição, merece ser lida, embora Neumann tenha sido criticado por projetar verdades míticas sobre a história do homem.

Um dos críticos de Neumann foi Michael Fordham, que afirmava que as teorizações do analista alemão não eram ancoradas na observação e na prática clínica com crianças. Fordham, amigo de Winnicott[60] (1896-1971), construiu várias pontes entre seu pensamento, que nunca deixou de ser fiel à concepção de psique junguiana, e a psicanálise. É criticado por alguns junguianos justamente por essa característica de suas ideias. Defende o uso do divã[61] na análise junguiana; e percebe-se a forte presença de Melanie Klein[62] (1882-1960) em suas teorizações. Tem uma abordagem eminentemente clínica, e vários dos conceitos que criou são produto de seu trabalho com

---

[58] Eric Neumann, *A Criança*. São Paulo: Cultrix 1991.

[59] *História da Origem da Consciência*. São Paulo: Cultrix, 1995.

[60] Donald Winnicott, psicanalista inglês, escreveu uma resenha de *Memórias, Sonhos e Reflexões* que vale a pena ser lida. Winnicott faz uma interpretação muito rica dos fatos vivenciais narrados por Jung, e chega a uma interessante conclusão sobre o significado, para Jung, do livro de memórias. "Resenha de *Memories, Dreams, Reflections*, 1964". Em: C. Winnicott, R. Shepherd, M. Davis (orgs.), *Explorações Psicanalíticas D. W. Winnicott*. Porto Alegre: Artmed, 1994.

[61] Michael Fordham, *Jungian Psychotherapy, a Study in Analytical Psychology*. London: John Wiley & Sons, 1978, p. 65.

[62] Melanie Klein, psicanalista austríaca, foi uma das pioneiras no tratamento psicanalítico de crianças.

crianças. Só há um de seus livros traduzido em português, *A Criança Como Indivíduo*.[63]

Marie-Louise von Franz (1915-98), representante da escola clássica, tinha apenas 18 anos quando conheceu Jung. Nessa época, ele começava a se interessar por alquimia. Marie Louise tinha uma cultura e inteligência fora do normal; tornou-se uma pesquisadora dedicada do assunto e interlocutora de Jung, tomando o lugar que até então tinha sido ocupado por Toni Wolff (a companheira não oficial de Jung). Dona de grande memória, falava em público com facilidade, e a maioria de seus livros são transcrições de seminários que dava no Instituto Jung em Zurique. Dedicou-se, dentre outros temas, à interpretação dos contos de fada. Manipula os conceitos junguianos com competência, entremeando-os com mitos de vários países, tornando a teoria plena de vida. Muitos de seus livros foram traduzidos para o português. Escreveu ainda uma biografia de Jung que é, ao mesmo tempo, uma ótima introdução a seu pensamento.[64]

Edward Edinger (1922-98) pertence também à escola clássica. Psiquiatra americano, ele consegue esclarecer, em seus livros, aspectos densos da teoria junguiana, sem trair as ideias originais. Um exemplo dessa sua capacidade está no livro *Anatomia da Psique*,[65] no qual explora a alquimia de modo palatável,

---

[63] *A Criança Como Indivíduo*. São Paulo: Cultrix, 2001.

[64] Marie-Louise von Franz, *C. G. Jung. Seu Mito em Nossa Época*. São Paulo: Cultrix, 1992.

[65] Edward F. Edinger, *Anatomia da Psique, o Simbolismo Alquímico na Psicoterapia*. São Paulo: Cultrix, 1990. Outra autora que fez um trabalho semelhante com a alquimia foi Marie-Louise von Franz, *Alquimia, Introdução ao Simbolismo e à Psicologia*. São Paulo: Cultrix, 1991.

mesmo para os que não são estudiosos de Jung. Outros de seus livros infelizmente não estão traduzidos.[66]

James Hillman, um americano que estudou em Zurique, é o representante primeiro da escola arquetípica. A principal característica de seu pensamento é a ênfase no politeísmo da psique. Hillman acredita que Jung, com o conceito de si-mesmo, facilita uma visão monoteísta da psique, fruto de sua formação cultural. Aprofundando uma afirmação do próprio Jung, segundo a qual "os deuses viraram doenças",[67] procura explorar os dinamismos psíquicos correspondentes a cada deus. Em decorrência disso, muitas "verdades" convivem na alma humana. Hillman explora uma vertente pós-moderna do pensamento de Jung. Sua psicologia procura construir uma perspectiva, um modo de ver os fenômenos que é chamado de "fazer alma". Também explora o reconhecimento da alma no mundo (*anima mundi*), principalmente nas cidades,[68] compreendidas como o lugar na terra em que a imaginação é realizada.

Outro autor que tem ganhado importância mais recentemente é o alemão Wolfgang Giegerich. Em seus escritos retoma Hegel e propõe uma leitura dialética radical dos mitos. Enquanto Hillman propõe que a alma deva ser imaginada e não definida, já que

---

[66] Edinger trabalha o texto de Jung, *Mysterium Coniunctionis*, no livro: *The Mysterium Lectures*. Toronto: Inner City Books, 1995. Faz o mesmo com um livro de Jung, *Aion*, em *The Aion Lectures*. Toronto: Inner City Books, 1996.

[67] "[...] Abandonamos, no entanto, apenas os espectros verbais, não os fatos psíquicos responsáveis pelo nascimento dos deuses. Ainda estamos tão possuídos pelos conteúdos psíquicos autônomos, como se estes fossem deuses. Atualmente eles são chamados: fobias, obsessões, e assim por diante; numa palavra, sintomas neuróticos. Os deuses tornaram-se doenças." "Comentário Sobre o Segredo da Flor de Ouro", em: *Obra Completa*, vol. XIII. Petrópolis: Vozes, 2003, par. 54.

[68] James Hillman, *Psicologia Arquetípica*. São Paulo: Cultrix, 1992, p. 93.

é uma metáfora e um campo de experiências,[69] Giegerich afirma que a alma é vida lógica, pensamento.[70] Provocador, afirma que a psicologia junguiana corre o risco de se tornar um agente tranquilizador de mentes, perdendo seu aspecto subversivo, ao se propor somente a ligar mitos a comportamentos humanos. É a ameaça do que chama "psicologia pop". Seus livros não estão traduzidos para o português.[71]

BRASIL

O primeiro nome que surge ao se pensar a teoria de Jung no Brasil é o da médica alagoana Nise da Silveira (1905-99).[72] Após ser presa pela ditadura do Estado Novo, Nise assumiu o setor de terapia ocupacional do Hospital Pedro II, no Engenho de Dentro, Rio de Janeiro. Organizou exposições de pinturas dos pacientes internos em 1947 e 1949, que chamaram a atenção de críticos de arte. Em 1954 leu *Psicologia e Alquimia*; e em 1955 se iniciaram as atividades do que viria a se tornar o Grupo de Estudos C. G. Jung. Já em 1954 enviou a Jung algumas pinturas de pacientes, e em 1957 estava em Zurique com a exposição "A Esquizofrenia em Imagens". O próprio Jung lhe aconselhou a estudar mitologia, passo fundamental para ajudá-la a compreender as imagens que tanto a fascinavam.

---

[69] Idem, p. 14.

[70] Wolfgang Giegerich, *The Soul's Logical Life*. Frankfurt: Peter Lang GmbH, 1999, p. 9.

[71] Artigos que fazem parte de uma polêmica que teve com James Hillman estão traduzidos em www.rubedo.psc.br

[72] Uma exposição da psicologia analítica no Brasil encontra-se em: Arnaldo A. da Motta, *Psicologia Analítica no Brasil: Contribuições Para a Sua História*. Dissertação de Mestrado apresentada ao programa de estudos Pós-Graduados em Psicologia Social, PUC/SP, 2005.

Pethö Sándor (1916-1992), médico ginecologista húngaro, chegou ao Brasil em 1949. Desenvolveu uma técnica corporal chamada "calatonia", embasada teoricamente no pensamento junguiano. Seu nome está ligado à PUC de São Paulo, onde foi professor na década de 1970, influenciando muitos alunos a estudarem as obras de Jung.

Léon Bonaventure, belga, chegou ao Brasil em 1967. Membro da Sociedade Internacional de Psicologia Analítica (IAAP), com sede em Zurique, começou a trabalhar como analista em São Paulo. Coordenou em 1975 as comemorações do centenário do nascimento de Jung e liderou um grupo de estudos.

Após a visita de analistas junguianos estrangeiros, e algumas desavenças internas, a primeira sociedade junguiana se organizou em 1978, ao redor de Carlos Byington, médico carioca, que também fez a formação em Zurique. Hoje existem duas sociedades ligadas à Sociedade Internacional de Psicologia Analítica: a Sociedade Brasileira de Psicologia Analítica (SBPA) e a Associação Junguiana Brasileira (AJB), além de inúmeros grupos em vários estados brasileiros.[73]

[73] Na página www.forumjunguiano.com.br, no *link* "grupos e instituições", encontra-se extensa lista de grupos e instituições junguianas no Brasil.

CRONOLOGIA

1875 – Dia 26 de julho nasce Carl Gustav Jung, em Kesswil, Cantão de Thurgau, Suíça. Filho do pastor Johann Paul Achilles Jung (1842-1896) e de Emile Preiswerk (1848-1923).

1879 – Mudança da família para Klein-Hunigen, perto de Basileia, cidade na qual Jung frequenta o ginásio.

1884 – Nascimento de sua única irmã, Gertrude.

1895/1900 – Estuda medicina na Universidade da Basileia. Em 1896 falece seu pai.

1900 – Torna-se assistente de Eugen Bleuler, que era médico-chefe do Burghölzli, Hospital Psiquiátrico de Zurique.

1902 – Tese de doutoramento em medicina: "Sobre a Psicologia e a Patologia dos Fenômenos Ditos Ocultos".

1902/1903 – Estuda com Pierre Janet, na Salpêtrière.

1903 – Casa-se com Emma Rauschenbach, com quem teve quatro filhas e um filho.

1904/1905 – Organiza o laboratório de psicologia experimental. Publica a primeira parte dos "Estudos com Associação de Palavras".

1905 – Professor de Psiquiatria na Faculdade de Medicina de Zurique. Continua como professor até 1913. Chefe de clínica no Burghölzli.

1906 – Início da correspondência Freud-Jung.

1907 – Publica "Psicologia da Demência Precoce". Primeiro encontro com Freud em Viena. Primeiro Congresso Internacional de Psiquiatria e Neurologia em Berlim. Jung apresenta "A Teoria Freudiana da Histeria".

1908 – Primeiro Congresso Internacional de Psicanálise em Salzburg.

1909 – Viaja aos Estados Unidos com Freud, ambos convidados pela Universidade Clark, Massachusetts. Redator-chefe do *Jahrbuch für Psychoanalytische und Psychopathologische Forschungen*, fundado por Freud e Bleuler.

1910 - Segundo Congresso Internacional de Psicanálise. Fundação da Associação Psicanalítica Internacional, Jung é presidente até 1913.

1911 – Terceiro Congresso Internacional de Psicanálise em Weimar. Escreve a primeira parte de "Metamorfoses e Símbolos da Libido". Conhece Toni Wolff. "Sobre a Doutrina dos Complexos".

1912 – Profere nove conferências na Universidade Fordham em Nova Iorque: "Tentativa de Apresentação da Teoria Psicanalítica". Envia a Freud a segunda parte de "Metamorfoses e Símbolos da Libido". Em dezembro, ruptura das relações pessoais com Freud.

1913 – Quarto Congresso Internacional de Psicanálise em Munique. Jung dá à sua psicologia o nome de psicologia analítica. Em outubro, demite-se do cargo de redator-chefe da *Jahrbuch*. Demite-se de seu posto na Universidade de Zurique.

1914 – Deixa a presidência da Associação Psicanalítica Internacional.

1912/1919 – Confronto com seu próprio inconsciente.

1916 – Escreve "Sete Sermões aos Mortos" (incluído em *Memórias, Sonhos e Reflexões*), "A Função Transcendente" e "Aspectos Gerais da Psicologia dos Sonhos".

1917 – Escreve *Psicologia do Inconsciente.*

1918/1926 – Estuda o Gnosticismo.

1919 – Escreve "Instinto e Inconsciente".

1920 – Viagem à Algéria e à Tunísia.

1921 – Escreve *Tipos Psicológicos.*

1924 – Visita aos índios Pueblo, Novo México, Estados Unidos.

1925/1926 – Expedição ao Quênia. Visita aos Elgonyi, no monte Elgon.

1928 – Escreve: *O Eu e o Inconsciente* e *A Energia Psíquica.* Richard Wilhelm envia a Jung um manuscrito de um tratado alquimista taoísta, "O Segredo da Flor de Ouro".

1929 – Escreve: "Comentário ao Segredo da Flor de Ouro".

1930 – Assume a vice-presidência da Sociedade Médica Geral Internacional para Psicoterapia, cujo presidente é E. Kretschmer. Primeiro encontro entre Jung e W. Pauli.

1932 – Recebe o prêmio de literatura da cidade de Zurique. Início da correspondência com W. Pauli.

1933 – Primeira conferência Eranos de Jung em Ascona, Suíça: "Estudo Empírico do Processo de Individuação". Viagem ao Egito e à Palestina.

1933/1939 – Torna-se presidente da Sociedade Médica Geral Internacional de Psicoterapia e editor do *Zentralblatt für Psychotherapie und ihre Grenzgebiete*.

1934 – Começa o estudo sistemático de alquimia.

1935 – Conferência no Instituto Tavistock em Londres: "Fundamentos de Psicologia Analítica".

1936 – Doutor *Honoris Causa* em Harvard. Escreve o ensaio "Wotan".

1937 – Conferência sobre psicologia e religião na Universidade de Yale, EUA. *Psicologia e Religião*.

1938 – Viagem à Índia, a convite do governo britânico.

1944 – Escreve *Psicologia e Alquimia*.

1946 – Escreve os ensaios "Sobre a Natureza da Psique", "Psicologia da Transferência" e "Psicologia e Educação".

1948 – Inauguração do Instituto C. G. Jung em Zurique.

1951 – Escreve *Aion*.

1952 – Escreve *Sincronicidade*. Revisão de "Metamorfoses e Símbolos da Libido", republicado como *Símbolos de Transformação*. Escreve *Resposta a Jó*.

1955 – Falece Emma Jung.

1955/1956 – Escreve *Mysterium Conunctionis*.

1957 – Começo da redação de *Memórias, Sonhos e Reflexões* com Aniela Jaffé. Entrevista televisionada com John Freedman, para a BBC de Londres.

1958 – Escreve *Um Mito Moderno*.

1961 – Termina, dez dias antes de morrer, o "Ensaio de Exploração do Inconsciente", para o *Homem e Seus Símbolos*. Falece a 6 de junho em sua casa, em Küsnacht.

BIBLIOGRAFIA

OBRAS COMPLETAS DE C. G. JUNG
(Editora Vozes)

I – Estudos Psiquiátricos
II – Estudos Experimentais
III – Psicogênese das Doenças Mentais
IV – Freud e a Psicanálise
V – Símbolos de Transformação
VI – Tipos Psicológicos
VII/1 – Psicologia do Inconsciente
VII/2 – O Eu e o Inconsciente
VIII/1 – A Energia Psíquica
VIII/2 – A Natureza da Psique
IX/1 – Os Arquétipos e o Inconsciente Coletivo
IX/2 – Aion – Estudos Sobre o Simbolismo do Si-Mesmo
X/1 – Presente e Futuro
X/2 – Aspectos do Drama Contemporâneo

X/3 – Civilização em Transição
X/4 – Um Mito Moderno
XI/1 – Psicologia e Religião
XI/2 – Interpretação Psicológica do Dogma da Trindade
XI/3 – O Símbolo da Transformação na Missa
XI/4 – Resposta a Jó
XI/5 – Psicologia e Religião Oriental
X/XI – Escritos Diversos
XII – Psicologia e Alquimia
XIII – Estudos Alquímicos
XIV/1 – Mysterium Coniunctionis
XIV/2 – Mysterium Coniunctionis
XV – O Espírito na Arte e na Ciência
XVI/1 – A Prática da Psicoterapia
XVI/2 – Ab-Reação, Análise dos Sonhos, Transferência
XVII – O Desenvolvimento da Personalidade
XVIII/1 – A Vida Simbólica
XVIII/2 – A Vida Simbólica

OUTROS TÍTULOS DE JUNG EM PORTUGUÊS

William McGuire e R. F. C. Hull (orgs.), *C. G. Jung: Entrevistas e Encontros.* São Paulo: Cultrix, 1982.

C. G. Jung, *Memórias, Sonhos, Reflexões.* Rio de Janeiro: Nova Fronteira, 1992.

C. G. Jung "Aproximação ao Inconsciente" em: C. G. Jung (org.), *O Homem e Seus Símbolos.* Rio de Janeiro: Nova Fronteira, 2005.

TÍTULOS NÃO DISPONÍVEIS EM PORTUGUÊS

The Zofingia Lectures. London: Routledge & Kegan Paul, 1983.

Vision Seminars. Dallas: Spring Publications, 1983.

Seminars on Dream Analysis. New Jersey: Princeton University Press, 1984.

Nietzsche's Zarathustra. Notes of the Seminar Given in 1934-1939. New Jersey: Princeton University Press, 1988.

Jung's Seminars on Nietzsche's Zarathustra. Abridged. New Jersey: Princeton University Press, 1997.

Analytical Psychology. Notes of the Seminar Given in 1925. New Jersey: Princeton University Press, 1989.

Psychology of Kundalini Yoga. Notes of the Seminar Given in 1932. London: Routledge & Kegan Paul, 1996.

Children's Dreams. Notes from the Seminars Given in 1936-1940 by C. G. Jung. New Jersey: Princeton University Press, no prelo (previsto para 2008).

SOBRE JUNG

Deirdre Bair, *Jung: Uma Biografia*. São Paulo: Globo, 2006.

Gustavo Barcellos, *Jung*. São Paulo, Ática, 1991.

J. J. Clarke, *Em Busca de Jung*. São Paulo: Ediouro, 1993.

Frieda Fordham, *Introdução à Psicologia de Jung*. São Paulo: Verbo/USP, 1978.

Marie-Louise von Franz, *C. G. Jung, Seu Mito em Nossa Época*. São Paulo: Cultrix, 1992.

Michael Fordham, *Jungian Psychotherapy, a Study in Analytical Psychology*. London: John Wiley & Sons, 1978.

Luiz Paulo Grinberg, *Jung, O Homem Criativo*. São Paulo: FTD, 1997.

Zilda M. P. Gorresio, *Os Pressupostos Míticos de C. G. Jung na Leitura do Destino: Moîra*. São Paulo: Annablume, 2005.

Peter Homans, *Jung in Context: Modernity and the Making of a Psychology*. Chicago: The University of Chicago Press, 1995.

Bárbara Hannah, *Jung, Vida e Obra: Uma Memória Biográfica*. Porto Alegre: Artmed, 2003.

Thomas Kirsch, *The Jungians: a Comparative and Historical Perspective*. Londres: Routledge, 2000.

Polly Young-Eisendrath e Terence Dawson (orgs.), *Manual Cambridge Para Estudos Junguianos*. Porto Alegre: Artmed, 2002.

Ann Conrad Lammers, *In God's Shadow. The Collaboration of Victor White and C. G. Jung*. New York: Paulist Press, 1994.

Arnaldo Alves da Motta, *Psicologia Analítica no Brasil: Contribuições Para a Sua História*. Dissertação de Mestrado apresentada ao programa de Estudos Pós-Graduados em Psicologia Social, PUC/SP, 2005.

Aryeh Maidenbaum e Stephen A. Martim (eds.), *Lingering Shadows. Jungians, Freudians and Anti-Semitism*. Boston: Shambala, 1991.

Amnéris Maroni, *Jung, o Poeta da Alma*. São Paulo: Summus Editorial, 1998.

_______, *Figuras da Imaginação*. São Paulo: Summus Editorial, 2001.

_______, *Jung, Individuação e Coletividade*. São Paulo: Moderna, 1999.

Marilyn Nagy, *Questões Filosóficas na Psicologia de C. G. Jung*. Petrópolis: Vozes, 2003.

Renos Papadoulos (ed.), *The Handbook of Jungian Psychology*. Londres: Routledge, 2006.

Eloísa M. Damasco Penna, *Um Estudo Sobre o Método de Investigação da Psique na Obra de C. G. Jung*. Dissertação de Mestrado, Programa de Psicologia Clínica, PUC/SP, 2003.

Paul Roazen, *Freud e Seus Discípulos*. São Paulo: Cultrix, 1978.

Nise da Silveira, *Jung, Vida e Obra*. Rio de Janeiro: Paz e Terra, 1978.

Andrew Samuels, *Jung e os Pós-Junguianos*. Rio de Janeiro: Imago, 1989.

A. Samuels, B. Shorter, B. Plaut, *Dicionário Crítico de Análise Junguiana*. Rio de Janeiro: Imago, 1986.

Daryl Sharp, *Léxico Junguiano*. São Paulo: Cultrix, 1993.

Sonu Shamdasani, *Jung and the Making of Modern Psychology: The Dream of a Science*. Cambridge: Cambridge University Press, 2003.

Glauco Ulson, *O Método Junguiano*. São Paulo: Ática, 1988.

DVD

Matter of Hearts. USA 1986. Documentário dirigido por Mark Whitney. Várias entrevistas com pessoas que conheceram pessoalmente Jung. Contém imagens de arquivo de Jung.

SITES

a) Brasileiros

www.sbpa.org.br – página da Sociedade Brasileira de Psicologia Analítica. Filiada à Sociedade Internacional de Psicologia Analítica (IAAP), promove a formação de analistas e cursos abertos. Uma vez por ano organiza o MOITARA, encontro multidisciplinar, em Campos de Jordão.

www.ajb.org.br – página da Associação Junguiana Brasileira. Filiada à Sociedade Internacional de Psicologia Analítica (IAAP), promove a formação de analistas. Uma vez por ano, em uma cidade diferente do Brasil, organiza um congresso internacional.

www.rubedo.psc.br – página que promove a Psicologia Analítica, com ênfase na Psicologia Arquetípica. Organiza um curso de pós-graduação em teoria e terapia junguiana junto à Universidade Estácio de Sá, Rio de Janeiro. Informações: www.estacio.br

www.himma.psc.br – página que procura uma interlocução com o pensamento pós-junguiano, a psicanálise, a literatura e as artes numa atitude ética e imaginativa frente ao texto de C. G. Jung.

www.museuimagensdoinconsciente.org.br – página do Museu de Imagens do Inconsciente, fundado por Nise da Silveira.

www.symbolon.com.br – página paranaense que procura ser um elo de ligação entre os que estudam a Psicologia Analítica.

www.forumjunguiano.com.br – página que pretende promover debates sobre Psicologia Analítica e fazer um levantamento de pessoas, grupos e instituições ligadas à Psicologia Analítica.

www.bibliografiajunguiana.googlepages.com – página que divulga livros de psicologia analítica publicados no Brasil.

www.pucsp.br – Pontifícia Universidade Católica de São Paulo. Pós-graduação *stricto senso* em psicologia clínica. Núcleo de pesquisa, estudos junguianos.

www.cogeae.pucsp.br – pós-graduação *lato sensu*. Abordagem junguiana: leitura da realidade e metodologia do trabalho.

www.sedes.org.br – cursos de expansão em psicologia junguiana, promovidos pelo Instituto Sedes Sapientiae (SP).

www.facis-ibehe.com.br – Faculdade de Ciências da Saúde, São Paulo. Especialização em Psicologia Junguiana.

b) Internacionais

www.cgjungpage.org – página que contém grande número de artigos e resenhas.

www.iaap.org – página da associação Internacional de Psicologia Analítica.

www.alchemywebsite.com – página de alquimia com grande número de textos e imagens.

www.jcf.org – página sobre mitologia, da Joseph Campbell Foundation.

SOBRE O AUTOR

Tito R. de A. Cavalcanti estudou administração de empresas e medicina. Depois da especialização em psiquiatria (Unifesp), fez mestrado em Ciências da Religião (PUC/SP) e formação como analista junguiano na Sociedade Brasileira de Psicologia Analítica.

FOLHA EXPLICA

Folha Explica é uma série de livros breves, abrangendo todas as áreas do conhecimento e cada um resumindo, em linguagem acessível, o que de mais importante se sabe hoje sobre determinado assunto.

Como o nome indica, a série ambiciona *explicar* os assuntos tratados. E fazê-lo num contexto brasileiro: cada livro oferece ao leitor condições não só para que fique bem informado, mas para que possa refletir sobre o tema, de uma perspectiva atual e consciente das circunstâncias do país.

Voltada para o leitor geral, a série serve também a quem domina os assuntos, mas tem aqui uma chance de se atualizar. Cada volume é escrito por um autor reconhecido na área, que fala com seu próprio estilo. Essa enciclopédia de temas é, assim, uma enciclopédia de vozes também: as vozes que pensam, hoje, temas de todo o mundo e de todos os tempos, neste momento do Brasil.

2001: UMA ODISSEIA NO ESPAÇO	Amir Labaki
A ADOLESCÊNCIA	Contardo Calligaris
ADORNO	Márcio Seligmann-Silva
A ÁGUA	José Galizia Tundisi e Takako Matsumura Tundisi
A AIDS	Marcelo Soares
A ALCA	Rubens Ricupero
OS ALIMENTOS TRANSGÊNICOS	Marcelo Leite
O AQUECIMENTO GLOBAL	Claudio Angelo
ARTE BRASILEIRA HOJE	Agnaldo Farias
CAETANO VELOSO	Guilherme Wisnik

CARLOS DRUMMOND DE ANDRADE	Francisco Achcar
CARLOS GOMES	Lorenzo Mammì
CASA-GRANDE & SENZALA	Roberto Ventura
A CERVEJA	Josimar Melo
CHICO BUARQUE	Fernando de Barros e Silva
O CIGARRO	Mario Cesar Carvalho
CINEMA BRASILEIRO HOJE	Pedro Butcher
CLARICE LISPECTOR	Yudith Rosenbaum
OS CLONES	Marcia Lachtermacher-Triunfol
A CULTURA DIGITAL	Rogério da Costa
DARWIN	Marcelo Leite
A DEMOCRACIA	Renato Janine Ribeiro
O DNA	Marcelo Leite
O DÓLAR	João Sayad
A DOR	João Augusto Figueiró
DORIVAL CAYMMI	Francisco Bosco
A ESPECULAÇÃO FINANCEIRA	Gustavo Patu
O EURO	Silvia Bittencourt
A FLORESTA AMAZÔNICA	Marcelo Leite
FUTEBOL BRASILEIRO HOJE	José Geraldo Couto
FREUD	Luiz Tenório Oliveira Lima
GRACILIANO RAMOS	Wander Melo Miranda

GUIMARÃES ROSA	Walnice Nogueira Galvão
A HISTÓRIA DO BRASIL NO SÉCULO 20 (1900-1920)	Oscar Pilagallo
A HISTÓRIA DO BRASIL NO SÉCULO 20 (1920-1940)	Oscar Pilagallo
A HISTÓRIA DO BRASIL NO SÉCULO 20 (1940-1960)	Oscar Pilagallo
A HISTÓRIA DO BRASIL NO SÉCULO 20 (1960-1980)	Oscar Pilagallo
A HISTÓRIA DO BRASIL NO SÉCULO 20 (1980-2000)	Oscar Pilagallo
A INTERNET	Maria Ercilia e Antonio Graeff
O ISLÃ	Paulo Daniel Farah
JOÃO CABRAL DE MELO NETO	João Alexandre Barbosa
JOÃO GILBERTO	Zuza Homem de Mello
JOSÉ CELSO MARTINEZ CORRÊA	Aimar Labaki
JUNG	Tito R. de A. Cavalcanti
LACAN	Vladimir Safatle
A LINGUAGEM MÉDICA	Moacyr Scliar
LITERATURA BRASILEIRA HOJE	Manuel da Costa Pinto
MACACOS	Drauzio Varella
MACHADO DE ASSIS	Alfredo Bosi

A MACONHA	Fernando Gabeira
MACUNAÍMA	Noemi Jaffe
A MAGIA	Antônio Flávio Pierucci
MANUEL BANDEIRA	Murilo Marcondes de Moura
O MARKETING ELEITORAL	Carlos Eduardo Lins da Silva
MARX	Jorge Grespan
MELANIE KLEIN	Luis Claudio Figueiredo e Elisa Maria de Ulhôa Cintra
A MENOPAUSA	Silvia Campolim
A MODA	Erika Palomino
MONTAIGNE	Marcelo Coelho
MÚSICA CLÁSSICA BRASILEIRA HOJE	Sidney Molina
MÚSICA POPULAR BRASILEIRA HOJE	Arthur Nestrovski (org.)
O NARCOTRÁFICO	Mário Magalhães
NIETZSCHE	Oswaldo Giacoia Junior
PAULO FREIRE	Fernando José de Almeida
POLÍTICAS PÚBLICAS	Marta M. Assumpção Rodrigues
A PRISÃO	Luís Francisco Carvalho Filho
AS PROFISSÕES DO FUTURO	Gilson Schwartz
O PROJETO GENOMA HUMANO	Mônica Teixeira

O PT	André Singer
OSCAR NIEMEYER	Ricardo Ohtake
RACISMO NO BRASIL	Lilia Moritz Schwarcz
A REFORMA AGRÁRIA	Eduardo Scolese
A REPÚBLICA	Renato Janine Ribeiro
ROBERTO CARLOS	Oscar Pilagallo
SÃO PAULO	Raquel Rolnik
OS SERTÕES	Roberto Ventura
TOM JOBIM	Cacá Machado
O TRABALHO INFANTIL	Ari Cipola
VILLA-LOBOS	Fábio Zanon
VINICIUS DE MORAES	Eucanaã Ferraz
VIOLÊNCIA URBANA	Paulo Sérgio Pinheiro e Guilherme Assis de Almeida

Este livro foi composto nas fontes
Bembo e Geometric 415 e impresso
em novembro de 2010 pela Corprint,
sobre papel offset 90 g/m².